M. LAMENNAIS
RÉFUTÉ PAR LUI-MÊME,

ou

Examen critique du livre intitulé :

DU PASSÉ ET DE L'AVENIR DU PEUPLE,

PAR T. DEZAMY.

Amicus Plato, magis amica veritas.
J'aime Platon, mais j'aime davantage la vérité.

Prix : 20 c. la livraison.

PARIS,
Chez l'AUTEUR, impasse du Paon, 7,
PRÉVOST, rue Bourbon-Villeneuve, 61,
ROUANNET, rue Verdelet, 4,
ET CHEZ LES PRINCIPAUX LIBRAIRES.
1841.

IMPRIMERIE CÉSAR BAJAT,
RUE MONTMARTRE, 131.

A MONSIEUR LAMENNAIS.

Amicus Plato, magis amica veritas.

Monsieur,

J'ai une mission bien douloureuse à remplir, car je vais entrer en lutte avec vous, avec vous qui avez été si longtemps l'objet de ma vénération, et que j'espérais toujours voir prendre place au premier rang parmi les défenseurs du progrès social. Aujourd'hui, hélas! il ne m'est plus permis de conserver cette illusion: vous avez jeté le gant au parti égalitaire tout entier.

Que plus que jamais vous vous lanciez dans les nuages de l'abstrait, dans les régions mystiques et ténébreuses de la Révélation et de la Théodicée, il n'y a point lieu de s'en étonner, car là, du moins, vous ne faites que continuer votre passé; mais ce qui est regrettable, ce qui est vraiment regrettable, ce sont ces oscillations continuelles, ces contradictions étranges; c'est surtout cette *réaction conservatrice*, qui donne à votre dernier ouvrage tout l'air d'une *flagrante palinodie*.

Il est sans doute bien audacieux à moi, qui n'ai d'autre appui qu'une ardente conviction, il est périlleux peut-être d'oser s'attaquer à une si haute renommée; mais quelqu'inégales que soient les forces, quelque puissant que soit l'auteur que je vais combattre, je ne me rebuterai point pour cela, intimement convaincu que c'est méconnaître le *principe fondamental de la démocratie* que de se courber sans discussion (*à priori*) sous le joug de l'autorité; parce qu'en définitive la philosophie ne peut que gagner à voir controverser dans son sein les questions les plus importantes et les plus radicales, parce qu'en un mot, c'est le seul moyen d'assurer le triomphe de la raison.

Ce n'est point par un vain orgueil que j'élève la voix; ce n'est point la pompe d'une discussion éclatante que je cherche, mais l'intérêt de mon pays; et je me trouverai toujours heureux d'entrer dans le temple de la vérité, dussé-je m'y asseoir à la dernière place. Si des lumières inattendues venaient à me démontrer que vous tenez en réserve une solution supérieure quant au problème de l'humanité, oh! monsieur! c'est avec une grande joie que je m'empresserai de le reconnaître; si, au contraire, ma critique a quelque justesse, vous n'hésiterez point non plus, je me plais à le croire, à corriger votre erreur.

Quelque peu bienveillantes que soient vos dernières paroles, elles n'ont point encore étouffé toutes mes sympathies pour l'auteur du *Livre du Peuple*. Je proteste donc par avance contre toute expression qui, dans le cours de cet écrit, pourrait trahir ma pensée ou donner prise à la malveillance. Pourtant, combien n'aurions-nous pas lieu de nous plaindre de vous? Quoi! vous aurez remué nos passions les plus vives! Vous aurez fait de nos cœurs un volcan et de nos têtes une fournaise ardente! Quoi! vous aurez rouvert une à une et fait saigner de nouveau toutes nos blessures! Vous aurez pris plaisir à tourner et retourner dans la plaie le fer sanglant!... Et quand à des tortures insupportables, et que vous ravivez encore, nous venons vous demander un remède, vous ne craignez pas de porter le désespoir dans nos cœurs en faisant retentir à nos oreilles ces lugubres paroles : «Il y aura toujours des misères et des privations, des riches et des pauvres; toujours, toujours des douleurs, des *souffrances morales*; point d'illusion plus vaine et plus dangereuse que le bonheur: le *bonheur n'est pas de ce monde!* »

Vous faites plus, vous légitimez l'exploitation du peuple, et vous éternisez le désordre social, car vous *déifiez la propriété*, qui est la source de tous les maux, de toutes les tyrannies! Quel affreux désenchantement! Quelle amère et poignante conclusion!!!

Loin de moi, je le répète, d'accuser votre bonne foi; ce n'est point l'intention que j'attaque, mais les principes, mais *l'erreur*, et aussi, hélas! peut-être, permettez-moi de dire toute ma pensée, une certaine faiblesse de caractère qui vous livre, à la fin, aux influences intéressées d'un funeste entourage. Mais qui donc a pu vous égarer de telle sorte; quels discours fallacieux ont pu surprendre à ce point votre esprit, que vous vous efforciez maintenant d'étayer dans sa base vermoulue l'odieux édifice qui s'écroule; que vous prêtiez, à votre insu, l'appui de votre talent à de grossières et monstrueuses calomnies!

Ah! M. Lamennais! pourquoi n'avez-vous pas résisté à ces quelques obsesseurs opiniâtres, qui, pour masquer leurs pernicieux desseins, osent placer à l'abri d'un nom pur leur patriotisme de commande ou leur orgueilleuse nullité, au risque de vous entraîner avec eux dans l'abîme? Hâtez-vous, nous vous en conjurons, hâtez-vous de séparer votre cause de celle de ces hypocrites adulateurs, qui ne vous encensent aujourd'hui que dans des vues ambitieuses et anti-démocratiques.

Assez d'autres auront pour vous des paroles louangeuses, assez d'autres s'empresseront d'exalter, quand même, tous vos écrits; car il est des courtisans partout, et les sombres grilles de *Pélagie* ne vous en ont point préservé. Souffrez donc qu'une voix consciencieuse, et qui, après tout, ne vous est point hostile, ose vous adresser des paroles critiques; souffrez que j'ose en appeler aujourd'hui de *M. Lamennais*, surpris et circonvenu, à M. Lamennais mieux informé et rendu à lui-même.

Agréez, Monsieur, mes sincères et fraternelles salutations,

T. Dezamy.

M. LAMENNAIS
RÉFUTÉ PAR LUI-MÊME.

CHAPITRE PREMIER.

Observations préliminaires.

C'est le dernier ouvrage de M. Lamennais (*Du Présent et de l'Avenir du Peuple*) que je me propose d'examiner. Dans ce livre, l'auteur s'est presque spécialement attaché à combattre les principes égalitaires et le *communisme* surtout, qui en est la réalisation la plus parfaite, la seule réalisation réelle et durable. On parle bien un peu des autres socialistes, mais il est facile de s'apercevoir que c'est surtout contre ces *doctrines communautaires*, dont le progrès rapide effraie si fort certaines gens, que notre auteur a dirigé toutes ses batteries. Et nous ne devons pas nous étonner de cette préférence, car, au fond, nous ne voyons guère en quoi M. Lamennais prime sur Fourier ou sur Saint-Simon quant au principe égalitaire; il nous serait même facile de démontrer, au be-

soin, que tous trois, sous ce rapport, [...]
sent aux mêmes résultats. L'écrivain radical, nous regrettons d'avoir à le dire, est même fort inférieur à ceux-ci, sous le point de vue économique, il n'a pas même, comme eux, le prétexte spécieux de présenter un système quelconque. Il est juste de dire, toutefois, que M. Lamennais n'essaie pas de pousser aussi loin le cynisme du monopole et de l'autocratie politique, et qu'il paraît avoir renoncé pour jamais au gouvernement théocratique, dont jadis il était le plus ferme champion (1).

Nous ne nous amuserons point à suivre notre critique dans ses vaporeuses dissertations sur le commencement du genre humain, sur l'origine des religions et des premières sociétés; bornons-nous à cet égard à mettre sous les yeux de

(1) On se tromperait fort si on allait inférer de ce qui précède que nous soyons nécessairement hostiles aux Fouriéristes et aux Démocrates empiriques; tout en combattant leurs erreurs, nous nous garderons bien de leur dénier ce qu'ils ont de commun avec nous, à savoir, les premiers, la *situation* et *l'économique*, les seconds, le principe *démocratique*. Le Communisme embrasse dans sa synthèse les uns et les autres : c'est pourquoi il finira nécessairement par les épurer et les absorber. Et ce que nous disons ici à l'égard de M. Lamennais et du Fouriérisme, s'applique également à la plupart des autres écoles politiques et sociales.

nas le cours son opinion présente sur l'apparition de l'esclavage dans le monde.

« L'ESCLAVAGE se lie comme une consé-
« quence nécessaire aux premières idées que
« l'homme se fit de la CAUSE SUPRÊME et de ses
« rapports avec l'univers ; et cependant il est
« vrai que pour arriver à une connaissance plus
« exacte de Dieu et de la création il n'existait
« pas d'autre voie que celle qu'a suivie l'esprit
« humain, et que s'il n'avait pas entrepris ce
« travail, tout progrès eût été à jamais impos-
« sible. » (Page 38.)

Ainsi, selon M. Lamennais, c'est le dogme religieux qui enfante *l'esclavage*. Qui se douterait, après cela, que, quelques lignes plus loin (page 39), il ne balance pas à déduire de la *révélation* la science du *droit* et du *devoir?*

Maintenant nous pourrions passer à la partie historique. Nous aurions hâte, sans doute, de relever plusieurs appréciations très fausses tant sur les sociétés *grecque* et *romaine* que sur l'esprit du *christianisme ;* mais l'ordre le plus logique, selon nous, c'est d'examiner d'abord la partie doctrinale, abstraction faite de toute influence étrangère. Nous nous faisons fort, du reste, de sanctionner plus tard, par l'autorité de la philosophie et de l'histoire, les principes que nous allons établir, et de démontrer à chaque pas la faiblesse d'analyse de notre auteur. Nous prouverons alors d'une manière irrécusable que, sur les points capitaux, il n'a tiré de l'étude de l'histoire que les conclusions les plus superficielles.

C'est surtout en discutant la partie historique du livre qui fait l'objet de notre critique, que nous trouverons maintes occasions de préciser les vrais principes de la *communauté égalitaire*, et de faire éclater d'une manière frappante l'irrésistible logique de notre système, autant que sa toute-puissance à prévenir des tempêtes et des ruines comme celles qui ont passé sur l'ancien monde, et englouti la civilisation antique.

CHAPITRE II.

Du Fatalisme, du Droit et du Devoir, de l'Inégalité.

Dans son chapitre XV, intitulé : *Des moyens proposés pour résoudre le problème de l'avenir*, M. Lamennais n'hésite pas à confondre et identifier, pour le besoin de sa cause, tous les socialistes modernes, même ceux qui se trouvent séparés par un abîme. C'est ainsi qu'il met, au fond, sur la même ligne les *Communistes*, qui ont pour principe et criterium l'*Éga-

lité politique et sociale, d'une part; les Fourriéristes qui rejettent toute espèce d'égalité et les Saint-Simoniens qui veulent une *papauté politique,* avec une aristocratie intellectuelle ou prétendue telle, d'autre part. Il règne dans tout ce chapitre une incroyable confusion, ce qui rend d'une difficulté extrême la réfutation de cette partie de l'ouvrage. Nous allons l'entreprendre toutefois.

Pour ne pas abuser de la patience de nos lecteurs, nous leur ferons grâce de cette obscure métaphysique, de ces laborieuses et bizarres divagations, de ce fatras d'interminables redites, en un mot, de toute cette incompréhensible logomachie qui caractérise l'écrit dont nous nous occupons présentement.

Mais nous signalerons en leur lieu ces contradictions étranges, ces décevants paradoxes, cette méthode inqualifiable d'argumentation, où le sophisme tient lieu de logique, où l'hypothèse se trouve toujours à la place de la réalité. Nous allons donc relever, en substance et dans le meilleur ordre possible, toutes les objections quelque peu spécieuses que nous avons pu saisir au milieu de cet épouvantable chaos.

PREMIÈRE OBJECTION.

« Les uns vont se perdre dans le fatalisme

« de la nature. Qu'est-ce que l'homme dans
« ce système? Un je ne sais quoi indéfinissable,
« un fantôme d'être sans liberté, sans respon-
« sabilité, un rouage aveugle d'une machine
« aveugle. » *(Page 135.)*

RÉPONSE.

Aucun système plus que le système communautaire ne reconnaît de *virtualité* à *l'activité humaine*; personne plus que nous ne déplore ces prétendues vertus passives que tant d'autres se plaisent à sanctifier; personne n'est plus convaincu surtout que si les germes de tout bien se trouvent dans la nature, il faut pour les développer mettre la main à l'œuvre, c'est-à-dire aider la nature de nos bras et de notre intelligence. Et c'est pourquoi nous nous inquiétons sans cesse du problème de l'avenir, et voulons constituer la situation la plus propice au progrès social. Nous ne sommes donc point fatalistes.

Les fatalistes, ce sont ceux qui enseignent qu'il est des vices inhérents à la nature humaine, et des misères qui ne doivent point finir; les fatalistes, ce sont ceux qui parlent sans cesse de Morale surnaturelle, d'Harmonie préétablie, de Révélation et de Providence; ce sont ceux qui préconisent la *passivité humaine,* en gourmandant ces hommes de *peu de foi* qui se préoccupent de leur lendemain, ou en s'extasiant devant des inepties telles, par exemple, que ces vers de Racine :

« Dieu laissa-t-il jamais ses enfants au besoin :
Aux petits des oiseaux il donne leur pâture,
Et sa bonté s'étend sur toute la nature. »

Les fatalistes, en un mot, ce sont ceux qui adorent comme Dieux ou Prophètes certains législateurs-philosophes : *Moïse, Jésus, Mahomet*, etc., etc. On sentira, en effet que quelques sublimes que puissent être plusieurs de ces réformateurs, si nous posions leurs doctrines comme éternellement parfaites, les examiner serait un crime, y toucher un sacrilége ; et qu'ainsi en immobilisant la science, on fermerait la carrière à tout progrès ultérieur.

DEUXIÈME OBJECTION.

« Tous ces systèmes (Fourriérisme, Saint-
« Simonisme, Communisme,) renversent les
« bases du droit et du devoir. » *(Page 137.)*

RÉPONSE.

Où notre auteur a-t-il pu voir ce qu'il allègue ? La Communauté, il est vrai, identifie tellement les droits et les devoirs sociaux, que dans ce système la loi n'est plus, à proprement parler qu'une simple règle, qui n'a besoin d'aucune sanction répressive. Mais le chef-d'œuvre de la science, n'est-ce pas de faire disparaître progressivement toute espèce de contrainte, de donner l'essor à toutes les passions au lieu de s'épuiser en vain pour les comprimer? N'est-ce pas de les développer harmonieusement, et d'en si bien diriger le cours, que le magistrat puisse sans danger déposer, pour ainsi dire, la toge et le glaive, pour ne plus s'occuper que de diriger les travaux communs, et répartir également entre tous la richesse publique? De là, à un refus de concours et à la négation de tout ordre social, ainsi que M. Lamennais voudrait le faire croire, il y a une distance immense. Nous donnerons dans un autre chapitre une définition plus complète du doit et du devoir.

TROISIÈME OBJECTION.

« La nature commune offre une inégalité
« nécessaire dans ses réalisations individuelles,
« et c'est par cette inégalité, uniquement
« par elle, que la nature humaine, essentielle,
« manifestée, développée dans toutes ses faces,
« peut atteindre sa fin. » *(Page 139.)*

RÉPONSE.

En fait, il y a aujourd'hui une immense différence entre les hommes, on ne peut le nier. Mais ces inégalités monstrueuses que nous remarquons ne sont que le resulta d'une longue dégradation sociale ; elles ne peuvent subsister éternellement. Si l'on considère avec attention, en effet, qu'elle peut être la puissance des causes les plus légères, lorsqu'elles agissent continuellement, sans interruption, sur les mêmes objets, pendant une longue suite de siècles, on se convaincra que l'*inégalité* n'est point essentielle à notre nature, et qu'il ne tiendrait qu'aux hommes de la faire, à peu près du moins, disparaître à la longue, et de marcher rapidement vers la perfection de l'espèce en constituant d'une manière unitaire le milieu social. Non, cet immense progrès n'est point impossible, et il n'implique en rien *nivellement et uniformité*, comme on s'est plu si souvent à le dire. C'est ce que nous nous engageons à démontrer de la manière la plus victorieuse.

Pour se faire une idée exacte de l'égalité physiologique, ce n'est point seulement dans certains détails, mais dans son ensemble qu'il faut considérer l'organisme humain. L'égalité se règle par compte de balance, si nous pouvons nous exprimer ainsi. Pour plus de précision, les hommes sont égaux lorsqu'ils peuvent également développer leurs facultés, satisfaire leurs besoins.

Mais voyons, nous accordons pour un moment vos prémisses; que les hommes soient naturellement inégaux, nous l'admettons. Serait-ce une raison pour cela de conclure à l'inégalité sociale? Le but fondamental de la société, au contraire, n'est-il pas de nous assurer mutuellement contre les hasards malheureux, contre tous les déplorables sinistres que peut entraîner l'inégalité physique, et de faire que, pouvant être inégaux en force et en génie, nous devenions tous égaux par convention et de droit. Tel était l'opinion de J.-J. Rousseau, dont vous vous dites les continuateurs.

Maintenant, je vais plus loin, j'incarne dans dans les faits sociaux votre inégalité prétendue nécessaire; cela sera-t-il suffisant pour justifier l'inégalité héréditaire? Sont-ce bien toujours les mieux organisés physiquement et moralement qui jouissent des privilèges sociaux? N'est-il pas manifestement contre la loi de nature, au contraire, qu'un enfant commande à un vieillard, qu'un imbécile conduise un homme sage, et qu'une poignée de fainéants regorge de superfluités, tandis que la multitude laborieuse manque du nécessaire? Mais pourquoi nous appesantir là-dessus; notre auteur n'a-t-il pas

pris par avance le soin de se réfuter lui-
même.

« Dieu n'a fait ni petits ni grands, ni riches
« ni pauvres, ni maîtres ni esclaves, ni rois ni
« sujets: il a fait tous les hommes égaux. (Paroles
« d'un croyant, page 26.) Et toutes les familles
« ne formeront qu'une seule famille, et toutes
« les Nations qu'une seule Nation.... Dans la
« cité de Dieu, chacun possède sans crainte ce
« qui est à lui, et ne désire rien de plus, parce
« que ce qui est à chacun est à tous, et ce qui
« est à tous est aussi à chacun. » (Paroles d'un
croyant, page 27.)

Convenons après cela qu'il faut y mettre de la
bonne volonté pour croire à l'entière sincérité
d'un si soudain et si étrange revirement.

CHAPITRE III.

*De la Liberté, de la Propriété, du Droit
politique ou Suffrage.*

QUATRIÈME OBJECTION.

« Ce qu'il s'agit surtout de réaliser, c'est la
« liberté.... La liberté dépend de deux condi-
« tions inséparablement liées, la propriété et
« la participation au gouvernement, au pouvoir

« de législation, et à l'administration des af-
« faires communes. » (Page 141.)

RÉPONSE.

Oui, sans doute, il importe de réaliser la liberté, mais de la réaliser pour tout le monde. Or, si la liberté dépend de la propriété, il faut donc essentiellement que tous, sans exception aucune, deviennent propriétaires. Ainsi le veulent l'égalité, la fraternité, la sécurité de tous. Mais pour que tous ceux qui présentement n'ont rien deviennent *possesseurs*, il faudra prendre sur ceux qui ont beaucoup. *Première violation de la Propriété*. Or, vous avez posé en principe, et vous répétez souvent, notamment (page 176): « Que la propriété est sacrée,
« qu'il faut bien se garder de porter le plus
« léger trouble dans ce qui est, d'inquiéter en
« aucune manière la propriété acquise, qu'il
« importe, au contraire, de préserver de tout
« ébranlement, parce qu'elle serait, selon vous,
« le *capital même*. » *Première contradiction*.
Puis, maintenant, pour que personne ne redevienne prolétaire ou esclave, (ce qui, avez-vous dit, est tout un), personne ne devra aliéner son lot : *deuxième violation*; car, qu'est-ce que la propriété, sinon le droit de disposer, selon son bon vouloir, de la chose possédée, d'*user* et *abu-*

ser, comme disent les Jurisconsultes? *Deuxième contradiction* par conséquent; et nous ne sommes pas au bout.

Vous admettez, n'est-ce pas la souveraineté du Peuple? Mais si le peuple prononce que la propriété est illégitime et pernicieuse, que ferez-vous? (1) Décréterez-vous alors que le *souverain* est atteint de folie, vous qui, aujourd'hui, le proclamez infaillible, en même temps que vous proclamez que la propriété est inviolable? Dans l'un et l'autre cas, grave échec pour votre logique. *Troisième contradiction.*

En vain viendriez-vous invoquer des lois antérieures et révélées, des lois supérieures à la souveraineté du peuple? Dans cette nouvelle hypothèse, se serait encore M. Lamennais que nous opposerions à lui-même.

« Toute loi à laquelle le peuple n'a pas con-
« couru, qui n'émane point de lui est *nulle*
« *de soi....* Les rebelles sont ceux qui se créent
« aux dépens du peuple DES PRIVILÉGES INI-
« QUES, qui, de ruse ou de force parviennent

___

(1) Et cette supposition n'est rien moins que ridicule; car, une fois le peuple affranchi, qui serait assez insensé pour croire que *l'immense majorité* veuille jamais se remettre de plein gré sous le joug, lorsque les monopoleurs sociaux n'auront pas même à lui opposer le prétexte de la légalité?

« à le soumettre à leur domination. Et quand
« il brise cette domination, il ne trouble pas
« l'ordre, il le rétablit. » (Livre du Peuple, 77
et 79). *Quatrième contradiction ;* car, quel
privilége plus inique, quelle domination plus
odieuse, quelle loi plus fictive et plus nulle, de
l'aveu même de l'auteur, que celle qui consacre
la propriété, loi toujours faite pour l'usurpateur, législatant pour son propre compte?
Poursuivons :

« Le peuple ne fait point de classes; il ne
« crée point de priviléges, il délègue des fonc-
« tions; il confie tel soin à celui-ci, tel autre
« à celui-là, et les charge d'exécuter ses dé-
« cisions, ce qu'il a réglé pour le bien commun, selon les formes *établies par la loi*, et
« qu'il *peut toujours modifier, changer.*» (Liv.
du Peuple, 85.)

Le peuple peut donc aussi modifier et même
abolir la loi de propriété, qui ne pourrait tirer
son droit que de la volonté populaire, ainsi qu'il
ressort des principes proclamés par l'auteur du
livre du Peuple. *Cinquième contradiction.*

Nous n'en finirions pas s'il nous prenait fantaisie d'énumérer tous les choquants paradoxes
de M. Lamennais sur cet article. Vous parlez
toujours de liberté et de droit politique, c'est
très bien ; mais que faites-vous pour en ame-

ner la réalisation, la réalisation véritable ? Ah ! certes, autant que personne nous voulons le droit politique, le *suffrage ;* mais loin d'admettre comme vous que la propriété et le suffrage se supposent l'un l'autre et sont inséparablement unis, nous soutenons, au contraire, que la propriété et le suffrage électoral sont et seraient toujours en antagonisme, qu'ils s'excluent et se repoussent réciproquement de la manière la plus violente. Et il faut fermer bien obstinément les yeux à la lumière pour ne pas reconnaître cette vérité. Qui dénie au peuple le droit de suffrage ? Les propriétaires. Et lorsqu'ils sont forcés de l'admettre, qui corrompt les élections ? Qui achète les votes ? Les propriétaires.

Voyez ce qui se passe actuellement en Angleterre ? Le voyez-vous au *forum* ce *peuple-roi* déguenillé et mourant de faim ; les voyez-vous ces citoyens d'un jour tendre humblement la main à l'orgueilleux milord, qui du haut de son opulente calèche leur jette insolemment quelques schellings ? La voyez-vous cette magnanime Albion, Albion toute entière, partagée en deux camps, les *corrupteurs* et les *corrompus :* partout des riches pour mettre à prix les consciences et la liberté de leur pays, partout des pauvres pour conclure cet infâme marché. Mais, qui pourrait peindre ces turbulentes bacchanales, ces parades ignobles, ces rixes brutales, ces dégoûtantes orgies qui font de chaque urne électorale un vase de prostitution. (1) Où trouver, de bonne foi, où trouver une preuve plus convaincante de tout ce qu'il y a d'anormal dans cet accouplement bizarre du droit politique et de l'Ilotisme social. Et c'est cette monstrueuse parodie qu'on proclame le *nec plus ultra* de l'égalité, qu'on nous vante sérieusement comme la *panacée universelle !*

Et si tous ces exemples ne vous suffisent, méditez ces paroles d'un homme que vous n'accuserez pas sans d'avoir été un rêveur insensé :

« Vous ne consacrerez donc pas *la loi* où
« quelques-uns seulement pourraient possé-
« der ; car, de la possession territoriale aux
« mains d'un *petit nombre* de citoyens découle
« nécessairement l'esclavage politique de tous
« les autres.... » Puis il ajoute plus loin : « On
« les éloigne avec soin de toute participation
« aux affaires publiques ; pourquoi cette se-
« conde injustice ? C'est que celui qui ne pos-
« sède rien ne peut être citoyen, c'est que

(1) Nous ne pensons pas qu'en France, on pût jamais en venir à de pareilles infamies ; mais l'influence liberticide de la propriété n'en est pas moins manifeste. C'est ce que nous avons voulu signaler

« l'homme que la loi n'a pas mis à même d'ê-
« tre heureux, en est l'ennemi. Il eût fallu l'y
« intéresser, mais on ne l'a pas fait, et on se
« voit dans la nécessité de l'en écarter comme
« un être dangereux et avili. Et, de bonne foi,
« quand je verrai supplicier un de ces mal-
« heureux, pour avoir violé des lois menson-
« gères et oppressives, je m'écrirai avec dou-
« leur : c'est le fort qui victime le faible ; il me
« semblera voir l'*Américain périr* pour avoir
« violé la *loi de l'Espagnol !* » (Napoléon : Discours couronné par l'Académie de Lyon.)

Ecoutez encore ce futur empereur s'adressant aux Ulémas du Caire :

« Les Mamelucks sont les spoliateurs et les
« tyrans de l'Egypte. Je suis venu pour dé-
« truire leur criminelle domination. Y a-t-il
« une belle cavale, ils s'en emparent. Y a-t-il
« une belle esclave, elle leur appartient encore,
« etc., etc. Pourquoi donc auraient-ils tant de
« privilèges ?... Si la terre d'Egypte est leur
« ferme qu'ils montrent *le bail que Dieu leur*
» *a fait ?* »

CINQUIÈME OBJECTION.

« L'égalité ne saurait s'établir d'une manière
« tant soit peu durable par le partage. En outre,
« la possession ayant pour condition le travail,

« chacun dès-lors étant obligé de cultiver sa
« terre, plus de métiers, plus d'arts, par con-
« séquent plus de culture même, la mort totale
« de la société et l'exinction de toute vie.

« Que si, comme le principe y force, on
« veuille établir et maintenir *l'égalité réelle*, la
« défendre contre l'action de tout ce qui tend à
« l'altérer, on retombe inévitablement dans une
« organisation telle qu'il n'existe plus d'autre
« possesseur que l'Etat, lequel *prescrit* à chaque
« individu un travail égal, quoique divers, et *at-*
« *tribue* à chacun une portion égale des fruits,
« quels qu'ils soient, du travail commun ; veil-
« lant, du reste, pour que l'égalité ne soit pas
« détruite, à ce qu'il ne se fasse aucune *épar-*
« *gne, aucune accumulation, aucun échange.*»

(Page 160.)

RÉPONSE.

Le premier paragraphe est dirigé contre ce qu'on appelle la loi agraire. Les communistes ont cent fois signalé les inconvénients de ce système, qui a pour résultat *l'instabilité, l'antagonisme, le morcellement, le gaspillage,* etc. Mais ils sont loin d'en venir à des conclusions aussi exagérées que M. Lamennais. Ils reconnaissent, au contraire, que cette situation est en principe, évidemment et sans comparaison, la moins inique, la moins compressive de toutes celles expérimentées jusqu'à ce jour, et qu'elle ne le cède qu'au système de la *communauté*. L'histoire prouve, du reste que ni l'agriculture, ni les métiers, ni les arts ne sont incompatibles avec l'égalité agrairienne; les cinq siècles d'existence, de vertu et de bonheur dont a joui la république de Sparte sont là pour protester contre la flétrissure imméritée que s'efforcent de lui imprimer ses détracteurs.

Mais comment concilier cette horreur du partage avec cette affirmation que nous lisons (page 46): « Toute propriété individuelle « est strictement nécessaire à tout être doué « de vie? » M. Lamennais, d'ailleurs, ne semble-t-il pas incliner encore pour l'égalité territoriale, lorsqu'il s'écrie :

« Quand vous aurez reconquis votre droit, « le monde changera de face. *Partagés* comme « ils doivent être entre des frères, les biens « que la providence nous a départis se *multi-* « *plieront* par le *partage* même. » *(Livre du Peuple,* p. 87).

Bien que nous rejetions de toutes nos forces la *loi agraire*, voilà ce que nous devions dire pour être justes.

Dans le second paragraphe, M. Lamennais convient que la communauté fait de l'égalité sociale une réalité; il est bon de constater cet aveu. Nous ne nous arrêterons pas à ergoter sur les mots *prescrit* et *attribue* employés mal à propos dans cette occasion ; bornons-nous à faire observer que la communauté distribue les travaux et répartit les produits, mais qu'elle n'use jamais de contrainte ni d'arbitraire, comme quelques-uns pourraient l'induire des deux mots que nous avons soulignés. Quant à la dernière partie de ce paragraphe, nous ferons observer qu'il serait souverainement absurde de penser que l'état, qui, dans ce système, est la raison commune, la souveraine sagesse, que l'état, disons-nous, manquât aux lois de la prévoyance la plus vulgaire, et surpassât, pour ainsi dire, la stupide indolence du Caraïbe, en négligeant d'*épargner*, d'*accumuler*, et d'*échanger* au besoin. Nous ne craignons pas d'affirmer, au contraire, que jamais les greniers et magasins d'abondance ne se trouveraient vides, et que les craintes de disette ne viendraient jamais troubler le repos et le sommeil des citoyens. C'est ce que nous aurons occasion de démontrer victorieusement dans le cours de cet ouvrage.

CHAPITRE IV.

De la Communauté égalitaire.

SIXIÈME OBJECTION.

« Le problème à résoudre, et la solution
« qu'en donnent le socialisme et le commu-
« nisme peuvent être exprimés ainsi :

« *Problème :* Trouver une organisation où
« tout le monde soit propriétaire.

« *Solution :* Etablir une organisation ou nul
« ne soit propriétaire.

« Ou bien :

« *Problème :* Réaliser les conditions de la
« liberté universelle.

« *Solution :* Constituer la base d'un escla-
« vage universel. »

RÉPONSE.

C'est ici le lieu d'entrer dans quelques développements, et de faire justice de si ignorantes
railleries. Mais avant d'aborder au fond le système communautaire, nous croyons qu'il n'est
pas hors d'intérêt de faire connaître au lecteur
que M. Lamennais n'a pas toujours affiché un
si profond dégoût pour cette doctrine. Nous
allons le voir se donner à lui-même plus d'un
généreux démenti.

PREMIER DÉMENTI.

« .....Or, cet homme voyant qu'il ne pouvait
« continuer son voyage à cause d'un énorme
« rocher qui le remplissait le chemin tout en-
« tier, essaya de le mouvoir pour se faire un
« passage, et il se fatigua beaucoup à ce tra-
« vail, et tous ses efforts furent vains.

« Ce que voyant, il s'assit plein de tristesse
« et dit : Que sera-ce de moi lorsque la nuit
« viendra et me surprendra dans cette solitude,
« sans nourriture, sans abri, sans aucune dé-
« fense, à l'heure où les bêtes féroces sortent
« pour chercher leur proie ?

« Et comme il était absorbé dans cette pen-
« sée, un autre voyageur survint, et celui-ci
« ayant fait ce qu'avait fait le premier et s'é-
« tant trouvé aussi impuissant à remuer le ro-
« cher, s'assit en silence et baissa la tête

« Et après ceux-ci, il en vint plusieurs, et
« aucun ne put mouvoir le rocher, et leur
« crainte à tous était grande.

« Enfin, l'un d'eux dit aux autres : Mes
« frères, ce qu'*aucun de nous* n'a pu faire, qui
« sait si nous ne le ferons pas *tous ensemble ?*

« Et ils se levèrent, et tous ensemble ils
« poussèrent le rocher, et le rocher céda à l'ef-
« fort commun, et ils poursuivirent leur route
« en paix. » (*Paroles d'un Croyant*, p. 26.)

Quelle démonstration plus évidente des prodiges que peuvent opérer l'*unité* de but et la *force collective*, c'est-à-dire la communauté ?

DEUXIÈME DÉMENTI.

« Rien ne subsiste *isolément* dans l'univers, ne se nourrit de soi. On donne pour recevoir, on reçoit pour donner, et la vie tarirait de toute part sans ce don mutuel et incessant de *tous à chacun* et de *chacun à tous*, etc. » (*L. du P.* 90.)

Ces paroles ont une autorité d'autant plus grande que l'auteur les a empruntées à Montaigne, dans un passage extrêmement remarquable, où la communauté *coule à pleins bords*.

TROISIÈME DÉMENTI.

« *La terre* est comme une *grande ruche*, et
« les hommes comme des abeilles. Chaque
« abeille a droit à la portion de miel néces-
« saire à sa subsistance, et si parmi les hommes
« il en est qui manquent du nécessaire, c'est
« que la justice a disparu d'au milieu d'eux. »
(*Paroles d'un Croyant*, p. 21.)

Peut-on désigner plus clairement la communauté ?

QUATRIÈME DÉMENTI.

« Regardez cette famille où le produit du
« *travail* COMMUN, consacré à pourvoir aux

« COMMUNS BESOINS, n'est jamais dissipé en de
« honteux plaisirs. Qui ne préférerait son sort
« à celui d'une famille plus favorisée de la
« fortune, mais en proie au désordre, à l'incon-
« duite, à la jalousie, à la haine. » (*L. du P.*
p. 161.)

Qui ne voit encore ici une prédilection marquée pour la communauté, pour la communauté quand même ?

CINQUIÈME DÉMENTI.

« Les hommes, nés d'un même père, au-
« raient dû ne former qu'une *seule famille*,
« unie par le doux lien d'un amour fraternel.
« Elle eût ressemblé, dans sa croissance, à un
« arbre dont la tige produit en s'élevant des
« branches nombreuses, d'où sortent des ra-
« meaux, et de ceux-ci d'autres encore, nour-
« ris de la même sève, animés de la même vie. »

N'est-ce pas toujours l'*Unité*, la *Fraternité*, la *Communauté*, non seulement dans le temps, mais encore dans l'avenir et pour toujours ?

SIXIÈME DÉMENTI.

« Dans une famille, tous ont en vue l'avan-
« tage de tous, parce que tous s'aiment, et que
« tous ont part au *bien commun*. Il n'est pas
un de ses membres qui n'y contribue d'une

« *manière diverse, selon sa force, son intel-*
« *ligence, ses aptitudes* particulières ; l'un fait
« ceci, l'autre cela, mais l'action de chacun
« profite à tous, et l'action de tous profite à
« chacun. Qu'on ait peu ou beaucoup, on par-
« tage en frères ; *nulles distinctions autour du*
« *foyer domestique.* On n'y voit point ici la
« faim à côté de l'abondance. La coupe que
« Dieu remplit de ses dons passe de main en
« main, et le vieillard, et le petit enfant, et ce-
« lui qui ne peut plus ou ne peut pas encore
« supporter la fatigue, et celui qui revient des
« champs le front baigné de sueur, y *trempent*
« *leurs lèvres.* Leurs *joies* et leurs *souffrances*
« sont *communes.* Si l'un est infirme, s'il tombe
« malade, s'il devient, avant l'âge, incapable
« de travail, les autres le nourrissent et le
« soignent, de sorte qu'en aucun temps il n'est
« abandonné.

« Point de rivalités possibles quand on n'a
« qu'un même intérêt ; point de dissensions dès-
« lors. Ce qui enfante les dissensions, la haine,
« l'envie, c'est le désir insatiable de posséder
« plus, et toujours plus, *lorsque l'on possède*
« *pour soi seul.* LA PROVIDENCE MAUDIT CES
« POSSESSIONS SOLITAIRES. (*L. du P.*, p. 21).

Et c'est ces mêmes possessions solitaires, si énergiquement flétries et maudites, il y a à peine deux ou trois années, sur lesquelles notre auteur concentre tout son amour aujourd'hui. Est-il possible de se donner à soi-même de plus rudes démentis? Peut-on jamais prétendre à faire autorité quand on est tombé une fois dans de si nombreuses et inexcusables contradictions?

Maintenant, discutons les raisonnements de M. Lamennais contre la *Communauté*.

Nous avons vu qu'il condamne au *néant* et ravale également au dessous de la brute les partisants de la *loi agraire* (qui veulent que les possessions soient partagées entre tous le plus également possible et *temporairement*) et les Communistes, qui demandent que le sol et tous les produits immobiliers soient possédés en commun et conformément à la loi égalitaire. Nous allons le voir, maintenant, repousser d'une manière non moins explicite le monopole social :

« Pour que la liberté soit individuelle, dit M. Lamennais, et la liberté est individuelle ou elle n'est pas, il faut que la propriété, selon son essence, soit individuelle aussi. Or, la propriété individuelle peut rencontrer deux obstacles divers ; *sa formation* peut être empêchée soit par l'extension abusive de la propriété individuelle elle-même, qui, en concentrant aux mains de quelques-uns la matière de la propriété, ne laisse plus rien qui puisse être la propriété des autres, soit, etc. » (Pag. 152).

D'après ce qui précède, le lecteur est impatient, peut-être, d'apprendre comment M. Lamennais pourra résoudre lui-même le problème qu'il a posé au commencement de ce chapitre :

« Trouver une organisation où tout le monde soit propriétaire, c'est-à-dire réaliser les conditions de la liberté universelle ! »

Partage égal, Communauté, privilège : telle est, croyons-nous, la triple alternative à laquelle nul ne peut se soustraire.

M. Lamennais en juge autrement, et voici quel moyen infaillible il a inventé pour faire de chaque prolétaire un capitaliste. Ecoutez :

SEPTIÈME OBJECTION.

« Quiconque peut fournir une valeur, un gage, une *hypothèque réelle*, trouve aisément un capital équivalent ou à peu près. Mais cette hypothèque, ce gage, comment le travailleur le fournira-t-il? Il n'a, nous le répétons, que son travail, son travail futur. Point de capital donc pour le travailleur, à moins que le *travail futur, acquérant une valeur vénale, ne devienne échangeable* contre le capital, ou ne devienne un *gage*, une *hypothèque réelle*.

« Or, nous le disons avec assurance, après

de longues et mûres réflexions, rien de plus facile en soi, quand on le voudra véritablement. On peut même atteindre ce but par des combinaisons diverses, qui (sans porter le plus léger trouble dans ce qui est, sans inquiéter en aucune manière la propriété actuelle, qu'il importe, au contraire, de préserver de tout ébranlement) offriraient un moyen progressivement plus efficace de soulager la pauvreté et les misères accidentelles qui, quoi qu'on fasse, SUBSISTERONT TOUJOURS, mais toujours aussi moins nombreuses. Toutefois, aucun de ces biens ne peut être obtenu que par l'association. Elle est la base indispensable de toute amélioration possible. On sent, du reste, que nous ne *saurions entrer ici dans aucun détail.* » (page 175.)

RÉPONSE.

Que d'anomalies ! que d'inextricables complications ! quel chaos ! Comment concevoir, par exemple, une hypothèque réelle, certaine, sur un travail futur ? Qu'y a-t-il, au contraire, de *moins réel*, de *plus incertain* que le futur ? Et puis, d'ailleurs, que devient la fraternité sociale, si la richesse publique est dévolue exclusivement au *travailleur valide ?*

Que ferez-vous alors des malades et des infirmes ? Invoquerez-vous contre eux les lois spartiates (la mort) ? Non : une telle infamie est bien loin de votre pensée. Mais enfin qui ôtera *aux déshérités* de la nature cette terrible crainte du lendemain qui empoisonne toutes nos jouissances ? Qui leur donnera cette certitude dans l'avenir, sans laquelle il n'est point de bonheur véritable ? Qui la leur donnera, si la loi sociale n'a pourvu à tout à l'avance ? Qui nous maintiendra cette dignité qui convient à des hommes libres, si nous n'avons en perspective, au jour de l'infortune, que l'hôpital ou la charité publique ?

Et en vérité, en attendant qu'il plaise à notre critique de nous formuler son système, de nous révéler plus clairement cette organisation sociale si parfaite, qui ne sera entachée ni d'*égalité* ni d'*inégalité*, ni de *communauté* ni de *partage*, ni de monopole quelconque, ne sommes-nous pas fondés à lui rétorquer ses propres paroles :

« L'esprit se confond et se perd dans cet amas de contractions qui s'engendrent sans fin l'une l'autre. »

Mais si M. Lamennais hésite à nous tracer le plan de réformation qu'il a conçue, si ses idées jusqu'à présent ont été si confuses, s'il est encore aujourd'hui si chancelant dans sa propre opinion, tous ses doutes se dissipent, dès qu'il s'agit d'apprécier ou plutôt de condamner *notre système*, dont il a été si longtemps, *sans le savoir*, un des plus énergiques défenseurs. La vérité, alors, lui apparaît tout-à-coup, toute entière et sans nuages, son esprit plonge dans un océan de lumières ; il saisit, il comprend instinctivement tous les vices, toutes les impossibilités, toutes les aberrations de la *Communauté égalitaire*. Plus d'Arts! Plus de Sciences! Plus d'Industrie! Plus de Culture! Plus de Famille! Misère et Ruine de tous! Tout ce qui fait le charme de la vie et sa grandeur, tout a disparu, et disparu sans retour!... Plus rien, rien au monde, qu'Esclavage et Tyrannie! Esclavage, *c'est trop peu : il n'y a plus que des bêtes de somme qui, après avoir accompli la tâche imposée par le maître, reçoivent à l'étable la ration qu'il leur a destinée!* (Page 161.)

Ah! M. Lamennais, il faut que la cause que vous soutenez, en cette circonstance, soit bien mauvaise, pour que la logique vous fasse si complètement défaut, pour qu'un esprit ordinairement aussi judicieux que le vôtre en vienne à de pareilles déclamations!

Mais qui peut donc nous attirer à ce point le courroux de l'illustre écrivain? Le voici :

HUITIÈME OBJECTION.

« Ils veulent établir une organisation où
« nul ne soit propriétaire, c'est-à-dire consti-
« tuer la base d'un esclavage universel ! »

Arrêtons nous un moment ici.

Qu'est-ce, d'abord, que la propriété ? Il est essentiel de bien nous fixer sur ce point.

On entend généralement par propriété tout ce qui est possédé par *un seul* à l'exclusion de tous les autres ; mais souvent aussi on appelle propriété, le *territoire et tous les biens immobiliers,* qu'un seul ou plusieurs ensemble en aient la jouissance. C'est ainsi que l'on dit vulgairement : *Propriété Communale, Propriété indivise, Domaine commun.*

Ce n'est point dans ce dernier sens que M. Lamennais entend le mot propriété ; mais pourquoi donc s'écrier avec tant d'effroi : Plus d'Industrie ! Plus de Culture ! etc. !

Et ne dirait-on pas que la Communauté a pour conséquence nécessaire et éternelle la destruction et la ruine, et que les *Communistes* veuillent faire du monde entier un immense désert ? Ne dirait-on pas qu'il est indispensable pour faire *marcher la charrue,* qu'un *Notaire ait tracé* à l'avance *la limite qu'elle doit parcourir ?* Ne semblerait-il pas, en un mot, à entendre certaines gens, que le Sol, lui-même, doit s'anéantir, qu'il va se dissoudre et se distiller en subtiles vapeurs, aussitôt qu'il plaira au genre humain d'arracher de son sein ces barrières homicides dont l'ignorance, j'allais dire la folie de nos pères, l'ont si malheureusement sillonné? Ah! qu'il était bien mieux inspiré le Citoyen de Genève, lorsqu'il s'écriait, dans sa vertueuse et sublime indignation :

« Le premier qui ayant enclos un terrain,
« s'avisa de dire : ceci est à moi, et trouva des
« gens assez simples pour le croire, fut la
« cause de tous nos malheurs. Que de crimes,
« de guerres, de meurtres, que de misères,
« de soucis et d'horreurs n'eût point épargnés
« au genre humain, celui qui, arrachant le pieux
« ou comblant le fossé, eût crié à ses sembla-
« bles : Gardez-vous d'écouter cet imposteur;
« vous êtes perdus, si vous oubliez que les
« FRUITS SONT A TOUS, ET QUE LA TERRE
« N'EST A PERSONNE? »

Considérons maintenant la propriété dans son autre acception, dans son *acception littérale*, c'est-à-dire comme un privilége plus ou moins exclusif, ainsi que le fait notre adversaire. Mais alors de quoi peut-on nous accuser, si ce n'est d'attaquer le monopole et tout le cortége d'abus et de crimes qui en sont la suite inévitable ? De quoi pourrions-nous être coupables, sinon de vouloir réaliser ces principes de fraternité parfaite, cette identification intime que lui-même a si souvent prêchée, dans les passages suivants, par exemple :

« Les plantes des champs étendent l'une près de l'autre leurs racines dans le sol qui les nourrit toutes, et toutes y croissent en paix. Aucune d'elles n'absorbe la sève d'une autre, ne flétrit sa fleur, n'en corrompt le parfum. Pourquoi l'homme est-il moins bon envers l'homme ? » (*Liv. du Peup.*, p. 107.)

« Chacun de vos efforts produira son fruit, jusqu'au jour où la terre, pleinement renouvelée, sera comme *un champ* dont *une même famille* recueille et partage en paix la moisson. » (*L. du P.*, p. 175.)

« Regardez les oiseaux du ciel ; ils ne sèment ni ne moissonnent, ni ne rassemblent dans des greniers, et le père céleste les nourrit. N'êtes-vous pas d'un plus grand prix qu'eux ? Il y a place *pour tous* sur la terre, et Dieu l'a rendue assez *féconde* pour fournir *abondamment* aux besoins de tous. » (*L. du P.*, p. 23.)

Ceci n'est-il pas la critique la plus amère et la négation la plus complète de cette loi d'appropriation et d'accumulation individuelles, dont vous êtes aujourd'hui le fervent adorateur ? N'est-ce pas la consécration de ce principe fondamental de l'ordre social : « Tout homme apporte en venant au monde des droits imprescriptibles sur la portion des fruits de la terre nécessaire à sa subsistance ? »

Eh quoi ! vous vous dites l'apôtre de la *fraternité*, et vous vous efforcez d'éterniser la cause du *fédéralisme social* (la Propriété); vous nous déniez les conséquences d'un principe dont vous avez cent fois exalté les prémisses !

Quel est donc ce déplorable travers qui vous fait enchevêtrer de telle sorte vos raisonnements, que vous confondiez sans cesse la **POSSESSION**, qui est chose nécessaire, et qu'il n'est jamais venu à l'esprit de personne de vouloir détruire, et la **PROPRIÉTÉ**, *la Propriété individuelle*, qui en est le plus pernicieux abus ? La propriété individuelle qui est la dépréciation, la *confiscation véritable* du plus grand nombre des **POSSESSIONS** ?

NEUVIÈME OBJECTION.

Mais, répliquera M. Lamennais, mais, s'écriera avec lui le *Journal du Peuple :* « Comment pourrions-nous rêver un nivellement qui est de l'injustice, puisqu'il n'est pas dans la nature ? Comment paierions-nous *la journée* d'un *Cormenin* ou d'un *Lamennais* ? »

RÉPONSE.

Mais qui parle de nivellement contre nature? Qui parle de mettre à *l'encan* le génie de qui que ce soit? Les *Communistes* savent payer d'une plus noble manière les services éminents rendus à la *chose publique*. Parmi eux, il n'existe d'autre privilége que celui que peut se procurer le génie, en lui-même, d'autre distinction que celle attachée à la *supériorité* de la *sagesse*, résultat d'une longue expérience et d'un travail soutenu. Et quiconque remplit avec zèle sa *fonction sociale*, qu'il a lui-même librement choisie, n'a-t-il pas bien mérité de ses concitoyens, quelle que soit l'œuvre qu'il ait accomplie? N'est-ce pas, d'ailleurs, outrager le génie que de lui supposer la moindre idée d'un *vil lucre*? Nous le répétons, c'est dans le développement régulier et parfait de toutes nos facultés, c'est dans la satisfaction pleine et entière de tous nos besoins que consiste le bonheur; le chercher ailleurs, c'est *déplorable ignorance*! L'estime et quelquefois l'admiration de ses égaux, voilà pour le *sage*, voilà pour le bon citoyen le comble de la félicité! Prétendre au-delà, c'est contrevenir à la fois à ses propres intérêts et aux lois les plus saintes de la raison et de la nature.

Nous demandons pardon au lecteur d'insister sur une démonstration aussi évidente, mais nous désirerions ôter à nos détracteurs jusqu'à l'ombre d'un prétexte. Nous le répéterons donc encore, un privilége quelconque *est et sera toujours une lèpre dangereuse*, la négation la plus flagrante du pacte social ou *contrat d'assurance*. Qu'on nous permette à cet égard une comparaison vulgaire : Il existe certaines compagnies de prévoyance où l'on s'assure *mutuellement* contre *l'incendie*, le *recrutement* et autres sinistres, n'est-ce pas? et un dédommagement est promis à chaque *sinistré* qui a payé une modique somme. Que dirions-nous de nos co-associés, des gérants de la compagnie qui, après avoir encaissé *la prime* d'assurance, refuseraient, *au jour du malheur*, de nous indemniser, de nous *solder* l'équivalent *de notre perte?* Ne les traiterait-on pas de *Macaires*, de *fripons?* Ne serait-ce pas de toute part un chorus d'imprécations contre ces hommes sans foi? Les tribunaux ne viendraient-ils pas, en outre, prononcer contre eux? Et ils auraient beau objecter qu'ils n'ont reçu que *dix francs* et que le désastre s'élève à plus de *vingt mille francs*, les juges hésiteraient-ils un instant à les condamner?

Eh bien! lecteur, voilà exactement notre position à tous : le *sinistré*, c'est le *Prolétaire*;

ses co-associés, ce sont les Riches et les Puissants ; les Gérants, c'est l'*Etat*, c'est le *Gouvernement*. Pourquoi donc refusent-ils avec tant d'obstination d'acquitter une *dette si légitime ?...*

Comme nous l'avons fait jusqu'à présent, confirmons encore toutes ces assertions de l'opinion de M. Lamennais, qui s'explique, à ce sujet, avec autant de clarté que d'éloquence :

« Si, à *quelque titre que ce soit*, vous permettez qu'entre les membres essentiellement égaux DE LA COMMUNAUTÉ on crée des CATÉGORIES, des classes investies de certaines prérogatives à l'exclusion du reste du peuple, vous sanctionnez une CRIMINELLE USURPATION, vous sacrifiez lâchement votre droit et celui de vos frères, vous *renoncez* pour eux et pour vous à la qualité d'hommes, vous vous AGENOUILLEZ, SUR LES RUINES DE LA VRAIE SOCIÉTÉ, AUX PIEDS DE LA TYRANNIE ! » (Liv. du Peuple, page 136.)

CHAPITRE V.

De l'éducation, de la Famille, des Sciences et des Arts, du Gouvernement.

DIXIÈME OBJECTION.

« Les partisans de l'Egalité absolue ne pouvant rien sur les conditions premières d'organisation et de développement, leur *œuvre commence à l'instant* où l'homme naît, où l'enfant sort du sein de sa mère. L'Etat alors s'en empare pour le placer en des conditions de développement intellectuel, moral et physique égales pour tous, ce qui l'oblige à le soustraire à toute autre influence que la sienne, et conséquemment à déterminer les doctrines qui devront être enseignées exclusivement, les notions du Vrai et du Bien, la Religion, le Droit, le Devoir, la Science.... Plus de Famille, plus de Paternité, plus de Mariage dèslors. Un mâle, une femelle, des petits, que l'Etat manipule, dont il fait ce qu'il veut moralement et physiquement; une servitude universelle et si profonde que rien n'y échappe, qu'elle pénètre jusqu'à l'âme même. » (P. 158.)

RÉPONSE.

Nous arrêtons notre critique dès la première ligne. Non, M. Lamennais, il n'est pas vrai, nous ne vous concédons pas même ce point, non, il n'est pas vrai que la société ne puisse rien sur les conditions premières de notre organisation, et vous êtes bien étranger à la science physiologique, puisque vous ignorez encore que la véritable éducation sociale prend l'homme même avant sa naissance, jusque dans le sein de sa mère. Voulez-vous des preuves irrécusables de cette vérité, interrogez les anatomistes et les Physiologistes les plus renommés de l'organisme humain ? Interrogez les constitutions de ces peuples célèbres qui ont le mieux connu la science de l'éducation publique, les *anciens Perses*, les *Crétois*, les *Lacédémoniens ?* Vous verrez, et à Sparte surtout, vous verrez que le *Législateur* n'attendait pas le jour de la naissance pour se préoccuper du futur citoyen, et que rien n'était épargné pour procurer *à la femme enceinte* tout ce qui pouvait influer sur la constitution organique de l'enfant et la santé de la mère? Nourriture, Bains, Habitation, Vêtements commodes : le *Législateur* avait tout prévu. Pendant tout le temps de sa grossesse, *l'enceinte* était l'objet d'un espèce de culte ; on prenait d'elle les soins les plus minutieux, jusqu'à éloigner de sa vue le moindre objet qui aurait pu lui causer une sensation désagréable. Telle était la manière de faire de l'éducation chez les peuples antiques. Que nous sommes loin d'eux, à cet égard!

Mais, ce qui n'est pas moins affligeant, pour *nous autres démocrates*, c'est d'entendre ces inconcevables anathèmes qu'ose fulminer M. Lamennais contre l'*Éducation commune et Égalitaire.*

. Que dans certaines circonstances et vis-à-vis de certains pouvoirs, à qui on ne peut pas même reconnaître le droit de vivre, les esprits pénétrants et généreux repoussent énergiquement le monopole du Gouvernement, à l'endroit de l'*Education*, comme ils le repoussent dans tout le reste ; qu'alors, on préfère une *anarchie momentanée à une servitude durable*, cela se conçoit ; mais que, par horreur de l'*Egalité*, on aille jusqu'à *flétrir* l'éducation *unitaire* et *commune*, jusqu'à ériger en *principe*, et à toujours, l'*anarchie éducationnelle*, c'est ce qui est douloureux à entendre, c'est ce que, nous le répétons, notre esprit ne concevra jamais ! Mais, le comble de l'aberration, n'est-ce pas de venir s'écrier : « Plus de Famille, plus de Mariage, des Petits, etc. ; comme si la famille domestique n'était pas le premier anneau de la grande famille sociale, comme si l'une et l'autre ne pouvaient exister en même temps, comme si, en un mot, l'*Etat*, le *Souverain*, je dis le souverain véritable, le *Peuple*, le peuple affranchi, réellement affranchi dans son travail et dans son intelligence, comme si le Peuple, disons-nous, n'avait pas tous les moyens d'assurer, non seulement à l'Enfance, non seulement à l'Adolescent, mais encore à tous les citoyens en général, l'éducation la plus paternelle et la plus parfaite.

Ah! M. Lamennais! voyez ce qu'a produit, appliquée à l'enseignement, cette libre concurrence, dont vous avez été le plus intrépide champion, dont vous espériez de si heureux effets? Pénétrez au fond de ces repaires impurs, des ces Bagnes odieux, où l'élève et le maître traînent l'un et l'autre le boulet et sont attachés à la même chaîne; Pénétrez, avec nous, dans ces Bazars d'ignorance et de corruption, où la Jeunesse s'étiole et se rabougrit, et qu'on nomme *Maisons d'Education, Pensionnats libres, Institutions des Familles*; déchirez ces voiles luxueux qui cachent tant *d'énormités*; et dites, après cela, si nous sommes bien coupables de vouloir rendre à l'Education le caractère sacré qu'elle n'aurait jamais dû perdre?

Peut-être allez-vous nous parler de l'Université?... Oui! jetez à la tête de l'Université tous les reproches qu'elle mérite! Dites que nos collèges sont des cloaques *d'impiété et de mauvaises mœurs* et que l'éducation qu'on y donne est une *boue fétide*, à la bonne heure; loin d'atténuer ces sanglants reproches, qu'on y ajoute encore, nous le voulons bien; mais de bonne foi, qu'est-ce que tout cela prouve contre *l'éducation commune* normalement organisée, telle que l'entendent les communistes?

ONZIÈME OBJECTION.

Le communisme aurait pour effet inévitable de détruire les arts, l'Industrie, etc. (Page 159.)

RÉPONSE.

Le proverbe a raison : il n'est pas de pires sourds que ceux qui ne veulent pas entendre. Que signifie, en effet, cette puérile objection, cent fois réfutée et toujours reproduite ? Eh ! ne dirait-on pas qu'à l'heure qu'il est, à vous entendre, les Beaux-Arts sont à leur apogée, et que toutes les merveilles de la Grèce et de l'Italie ont pâli devant nous ? Et quand même cela serait, n'ayez peur que la communauté ne fasse, à cet égard non plus, dégénérer notre civilisation actuelle ? Ecoutez un descendant de Michel-Ange, Philippe Buonarroti :

« L'absence des sciences et des arts, jointe à la grossièreté des manières et à la violence des caractères : voilà, dit Buonarroti, ce qu'on appelle communément *la barbarie*. Or, rien de tout cela ne serait la suite nécessaire de la Communauté telle que Babeuf et Owen l'ont conçue. Cette Communauté, au lieu d'exclure les études et l'industrie, qui concourent réellement au bonheur et au maintien de la société, les encouragerait par l'intérêt commun, par l'opinion et par le loisir. Les sciences et les arts, ne servant plus d'aliment à l'avarice et à la vanité, s'y dépouilleraient de tout ce qui n'est *ni vrai*, ni *profitable pour tous*. D'un autre côté, l'éducation commune et l'échange non interrompue des secours et des bienfaits feraient naître dans les sentiments cette fraternité qui adoucit les manières et tempère l'impétuosité des caractères. Par la suppression de *la misère* et de la *bassesse*, suites inévitables de la propriété individuelle, seraient bannis de la société la dissimulation et l'hypocrisie, qui en font un champ de bataille, un enfer véritable. On serait bon sans fard, et fier sans brutalité. Loin de retomber dans la barbarie, nous entreverrions alors la possibilité d'atteindre, par l'établissement de la Communauté un bonheur durable et une civilisation réelle et parfaite. »

Il faut avouer, pourtant, qu'il est certaines professions qui auraient à souffrir du régime communautaire. Plus d'Avocats, plus d'huissiers, plus *d'accusateurs* publics et de juges *au criminel*; plus d'Avoués, plus de Notaires, etc.; plus de Gendarmes, plus de Geôliers, plus de Bourreaux ! plus de cette immondice sociale qu'on nomme Police ! plus de Douanes à l'Intérieur, et bientôt après plus à l'Extérieur; plus de Droits-Réunis, plus d'Octrois, plus de

Barrières, etc., etc.! Combien de métiers, aussi, indispensables de nos jours, et qui deviendraient inutiles! Que faire, alors, de ces *millions de barricades* qui peuvent à grande peine nous rassurer dans notre société de voleurs? Qu'on suppute, si l'on veut, pour ne donner qu'un exemple de l'économie communautaire, qu'on suppute tout le temps, tous les matériaux qui seraient épargnés par la simple suppression des serrures, cadenas et autres fermetures anti-sociales, et dans la seule ville de Paris!! Et ces prodigieuses économies, on les verrait se renouveler chaque jour, et sur cent objets divers.

Eh bien! Messieurs les conservateurs politiques et sociaux, faut-il pleurer aussi sur cette grande révolution industrielle, qui viendra un jour bouleverser tant de choses? Ah! si nous voulions seulement esquisser les merveilles de l'Avenir!... Mais n'anticipons pas sur notre plan, ne dérogeons pas à l'ordre que nous nous sommes tracé.

DOUZIÈME OBJECTION.

« Aussi parmi ceux qui se proposent ce but d'égalité rigoureuse, absolue, les plus conséquents concluent-ils, pour l'établir et pour la maintenir, à l'emploi de la force, au despotisme, à la dictature, sous une forme ou sous une autre forme...... — Dans la Communauté, l'état concentrerait entre ses mains la propriété toute entière. Mais qu'est-ce que l'État? Un être d'abstraction, à moins que par l'État, on n'entende les chefs de l'État, et, bien évidemment, ce seront ceux-ci qui auront de fait la disposition de la propriété commune, la disposition non-seulement des choses, mais aussi des personnes, pour que la production nécessaire soit assurée. Or, soit qu'établis à la manière des antiques sacerdoces, ils ne relèvent que d'eux-mêmes, soit qu'on les suppose élus, toujours est-il qu'aussi longtemps qu'ils posséderont le pouvoir, ils seront à l'égard des gouvernés dans la position du maître ancien... Or, qu'est-ce que cela, sinon l'esclavage?...... Croit-on que des êtres humains, en possession d'un pareil pouvoir, d'un pouvoir qui leur livre tout, personnes et choses, n'en useront que suivant la justice, s'oubliant eux-mêmes pour songer au bien de tous? Que, plus puissants qu'aucun souverain ne le fut jamais chez les peuples les plus asservis, leur puissance sera une garantie contre les abus de la puissance même? Qu'ils ne la tourneront point à leur avantage personnel, ne voudront point l'immobiliser dans leurs mains et la perpétuer dans leur race ? Que, de maîtres, ils consentiront à devenir esclaves à leur tour ? (Page 153.) »

Le *National* vient en aide à M. Lamennais, et s'efforce à son tour d'accabler les Communistes. Nous sommes depuis longtemps accoutumés aux aménités et à la *bonne foi* du *National*; aujourd'hui, échantillon nouveau. La feuille soi-disant démocratique n'a même pas le mérite de l'innovation ; ce n'est qu'un rhabillage de vieilles redites, où l'on ne sait que débiter de plates injures, sans se mettre jamais en peine de soutenir ses calomnies du plus mince raisonnement.

Nous nous bornerons à constater que le *National* nous proscrit, à *priori et quand même*, QUELQUE NOMBREUX ET QUELQUE ÉCLAIRÉS QUE NOUS PUISSIONS ÊTRE. La simple lecture de ce *factum* en vaudra RÉFUTATION. Le voici :

« Il faut vivre dans une singulière atmosphère, pour ne pas voir que la propriété n'est autre chose que la société elle-même, et que remettre dans les mains de manutenteurs, de distributeurs privilégiés, à quelque titre qu'ils soient investis de cette fonction, QUELQUE NOMBREUX, QUELQUE ÉCLAIRÉS QU'ILS PUISSENT ÊTRE, la disposition de toutes les ressources, de toutes les richesses nationales, la gestion de tous les intérêts, la satisfaction de tous les besoins, le souci de toutes les existences, c'est créer, au nom de la fraternité, *le monopole* (1) le plus odieux, l'exploitation la plus exorbitante, le despotisme le plus monstrueux et le plus raffiné qui ait jamais pris place sous le soleil.

« Voici soixante ans que nous travaillons, nos pères et nous, à limiter les Pouvoirs politiques, parce que tout pouvoir entraîne l'abus et consacre le règne de l'intérêt personnel, au préjudice de l'intérêt général, et sur ce mot, MOT MAGIQUE, mais fertile en mécomptes, nous irions constituer, au sommet de la communauté, une *autorité dispensatrice* de toutes choses, qui imposerait à chacun son lot de travail et réglerait la mesure de ses consommations, pourvoirait à tout, se mêlerait de tout, soit par elle-même, soit par ses délégués! C'est tout simplement de la démence. *(National.)*

RÉPONSE.

Laissons, comme nous l'avons dit, de côté le *National*. Quant à M. Lamennais, libre à lui de ne voir de gouvernement unitaire possible que dans la *Théocratie* ou le *Despotisme*, et de

(1) Le *National* n'est pas très versé, à ce qu'il paraît, dans les règles de la grammaire, puisqu'il ignore encore que *monopole* est l'antipode de *communauté*.

conclure de la communauté à l'esclavage ; c'est démentir en un jour tout son passé ; nous ne pouvons que l'en plaindre bien sincèrement ; libre donc à lui de faire de chaque citoyen un *stupide Automate* ou un orgueilleux dictateur, qui serait dominé de la passion de régner (ce qui, par parenthèse, ne serait pas sans quelque péril chez un peuple d'Égaux); mais qu'il nous soit permis à notre tour de ne point nous soumettre à un jugement si pauvre de motifs, et de renvoyer notre éloquent critique à l'école démocratique de J.-J. Rousseau, pour y apprendre comment, sans qu'il soit besoin de restreindre en rien la liberté de personne, comment disons-nous, de toutes les volontés individuelles réunies, il se forme et surgit une volonté *collective* et *unique*. C'est ce pouvoir collectif qui, chez les Communistes, serait chargé temporairement (sauf ratification de la part de la nation tout entière) de diriger l'administration commune. Ainsi, on le voit, les *Communistes* débordent leurs adversaires presque partout, presqu'autant en démocratie politique qu'en démocratie sociale. Il nous sera, du reste, facile de démontrer, en temps et lieux, que notre synthèse communautaire est disposée de telle manière qu'elle comporte la plus parfaite unité dans l'Etat, sans nuire en rien, loin de là, à la liberté de l'individu. Fraternité, Egalité, Unité, Liberté : tous ces grands principes se supposent et se soutiennent mutuellement ; ils se déduisent nécessairement les uns des autres, comme les quatre termes d'un même théorème.

Pour ce qui concerne cette singulière allégation, que l'État ne peut être qu'un Etre abstrait, nous ne pouvons considérer cette objection comme sérieuse. Etait-ce donc, par exemple, un être abstrait, c'est-à-dire un être impuissant à se manifester et à agir, n'était-ce qu'une pure fiction que cette *Convention nationale* qui brilla de tant d'éclat? N'a-t-elle rien organisé, ni pour l'Agriculture, ni pour l'Industrie, ni pour les Sciences, ni pour les Arts? Soutenir une pareille thèse serait ridicule. Eh bien! maintenant, s'il vous est démontré que la Convention nationale, tout étranglée qu'elle était dans le cercle étroit d'un monopole social de quatorze siècles, a pu faire de grandes et belles choses, que ne pourrait pas faire une *Convention communiste*, qui n'aurait point à lutter contre de pareilles IMPOSSIBILITÉS ?...

TREIZIÈME OBJECTION.

M. Lamennais nous confondant avec les

Fourriéristes, nous adresse encore l'objection suivante :

« Ils identifient le droit avec les penchants de l'homme quels qu'ils soient, les déclarant tous légitimes au même titre, et niant ainsi toute distinction fondamentale du bien et du mal, par conséquent tout devoir : doctrine qui se résout dans le naturalisme et l'individualisme absolu, et qui, sous ce rapport, rentre dans celle des *Benthamistes*, et, en général, des matérialistes, lesquels n'admettent d'autre principe et d'autre règle des actes que l'*utile*, ni d'autre morale que l'intérêt. »

RÉPONSE.

Nous répondrons en commençant notre troisième feuille. Qu'il nous suffise pour le moment de protester contre cette qualification de *Benthamistes*, c'est-à-dire d'*Utilitaires*, dont on s'efforcerait en vain de nous gratifier. Personne ne réprouve plus énergiquement que nous *cette secte d'économistes*, qui a poussé le mépris pour le *Prolétaire* jusqu'à l'assimiler à une **BÊTE DE SOMME**, et qui va jusqu'à conseiller au pouvoir de limiter, à tout prix, la pullulation des *Prolétaires*, soit en leur interdisant le *mariage*, soit autrement, et d'une manière plus criminelle encore.

L'auteur de ce livre s'est déjà prononcé d'une manière décisive contre les Utilitaires, dans un autre ouvrage (l'Egalitaire). Non, ce ne sera jamais nous qui nous ferons les apologistes des Utilitaires, ce ne sera point dans nos écrits qu'on verra célébrer les œuvres de *J. B. Say et de Bentham* (1).

Nous en avons à peu près fini avec les objections de M. Lamennais et son fameux chapitre XV. Nous allons à présent consacrer quelques pages à l'exposé de notre système. Dans notre troisième feuille, nous traiterons sommairement les questions suivantes : *Statistique*, *Economique* (2), *Congrès national*, *Organisation de la commune égalitaire*, etc. Nous ferons aussi quelques réflexions préliminaires concernant *l'homme* et *sa nature*. Nous démontrerons que l'analogie la plus parfaite existe dans notre système entre l'organisme social et l'organisme humain. Nous partirons de là pour aller *forcer* notre auteur dans ses retranchements historiques, et nous nous hâterons de conclure.

(1) Le *National* est celui de tous les journaux qui est le plus favorable à ces deux économistes, dont le nom figure dans les *Prospectus Réformistes*, à côté de ceux des *Lamennais*, Cormenin, etc.

(2) Nous appellerons généralement *Economique* tout

CHAPITRE VI.

De l'homme et de sa nature.

> Homme, connais-toi, toi-même !
> (*Socrate.*)

Il y a plus de vingt siècles que, du fond de son sanctuaire, l'oracle de Delphes fit entendre ces mémorables paroles : (1) *Homme, connais-toi, toi-même!* Mais hélas! cette pensée profonde et sublime d'un des *Sages* de la Grèce, ce précepte sacré, plus important, s'il était bien compris et réalisé, que tous les gros livres des Politiques et des Moralistes, personne ne semble l'avoir recueilli, et depuis plus de vingt siècles, le genre humain marche d'aberrations en aberrations, de désordres en désordres. Et c'est cette ignorance de la nature humaine qui jette tant d'incertitude et d'obscurité sur le grand problème de l'avenir; car, la véritable science sociale ne peut-être indépendante de la *science de l'homme*, (la Physiologie). C'est donc de la nature même de l'homme, de sa

ce qui aura rapport à l'administration intérieure de la Communauté, soit la direction des travaux, soit la répartition des produits.

(1) Pour leur donner plus d'autorité, l'*Oracle* se chargea de les révéler de la part des Dieux.

constitution et de son état primitif, de ses facultés et de ses besoins, qu'il importe de déduire tous les systèmes sociaux.

La plupart des législateurs et des Philosophes qui se sont occupés d'*économie politique* sont tombés, à cet égard, dans une erreur capitale. Ils crurent que pour façonner l'homme à leur gré, il leur suffisait de le vouloir d'une manière opiniâtre et énergique. Ainsi, au lieu d'étudier sérieusement les passions humaines et de mettre tous leurs soins à les bien diriger, ils les *condamnèrent* de prime abord, et s'efforcèrent de les réfréner. Intervertissant l'ordre immuable de la nature, ce n'est point les Institutions sociales qu'ils ont faites pour l'homme, c'est l'homme lui-même qu'ils se sont obstinés d'adapter de force à leurs lois capricieuses, de plier au joug de leurs systèmes plus ou moins irrationnels, plus ou moins barbares. Les insensés! ignoraient donc que ce ne sont que les mauvaises institutions qui rendent l'homme méchant, et qu'il est aussi impossible d'anéantir *nos passions* que d'arrêter, suspendue au milieu des airs, la pierre qui tombe, que de faire rebrousser vers sa source le torrent impétueux. De là, ces protestations sanglantes qu'on nomme Révolutions, et qui, à certaines époques, viennent dire aux peuples qu'ils marchent dans une fausse voie, et les avertir que le moment est venu de corriger leurs constitutions.

Le cœur navré de tant de tyrannie et de souffrances, quelques philantropes allèrent à l'excès contraire. Dans leur amour pour leurs semblables, ils proclamèrent que tous les hommes étaient naturellement bons, et qu'il suffirait, pour qu'on vit renaître l'âge d'or, de les abandonner à eux-mêmes. Cette doctrine ne fut pas non plus exempte de dangers; elle renfermait en elle-même un double principe d'anarchie et de domination; car, si les hommes se fussent affranchis de toute loi, de toute direction sociale, l'*unité* se serait bientôt brisée, et les faibles se fussent de nouveau trouvés en proie au premier audacieux qui eût tenté de les asservir. Ce n'était donc pas le vrai remède, quelque séduisant qu'il parût. Nous devons donc le dire, les hommes ne sont, de leur nature, ni bons ni méchants; ils sont et seront toujours ce que les *institutions sociales* sauront les faire.

Quel plaisir n'aurions-nous pas à prouver que tous les hommes sont bons! Mais en leur persuadant qu'ils sont tels, nous ralentirions leur ardeur pour le devenir. Nous les dirions bons et nous les rendrions méchants.

Dans l'étude que nous avons faite de la Philosophie et de l'Histoire, une chose surtout nous a frappé ; c'est que presque tous les meilleurs esprits ne se sont jamais dégagés entièrement des faits de leur époque et des préjugés généralement reçus. Que les Communistes s'efforcent d'éviter cet écueil ? Qu'ils étudient la vérité dans le grand-livre de la nature ? Et alors même qu'ils auront acquis des convictions ardentes, fruit de longues et sérieuses méditations, qu'ils ne dédaignent pas de les contrôler sans cesse, soit par celles de nos contemporains, soit par celles de nos devanciers ? Telle est la méthode que nous avons suivie. Et, ce n'est pas sans une joie profonde que nous avons retrouvé éparses chez les plus savants philosophes et les plus célèbres législateurs toutes nos découvertes ; et partout et toujours, jusque chez les plus mortels *ennemis* de nos doctrines, un hommage éclatant aux principes éternels de *l'Egalité* et de la *Communauté*!

Chaque homme est, pour ainsi dire, une société en miniature. Parmi les membres du corps humain, il n'est ni Travailleurs pauvres, ni Riches oisifs ; on n'y voit point, comme dans nos sociétés inégalitaires, l'affreux spectacle d'un dépérissement funeste à côté de la Richesse. Là, point de *Prolétaire* condamné à suer sans cesse sang et eau pour fournir des jouissances exclusives et outrées à l'insatiable avidité d'une race frelonnière, tandis qu'il resterait, lui, dans la torpeur et le froid de la mort. Le *Paupérisme*, ce vice hideux de notre *corps social*, qui condamne les neuf-dixièmes des citoyens à vivre d'une vie morbide et paralytique, le *Paupérisme* n'existe point dans le *petit monde* que présente chacun de nous. Combien ne doit-on pas admirer, dans l'organisme humain, cette prévoyance communautaire qui distribue si régulièrement et si également à tous les organes la richesse nutritive, qui perce de ses mille canaux sanguins les plus imperceptibles intervalles, et sait si bien reporter aux organes élaborateurs la liqueur bienfaisante qui résulte du travail commun ? Combien ne doit-on pas admirer l'économie particulière des parties les plus éloignées du point où *la chaleur et l'activité* vitales semblent se composer ? Ne reconnaît-on pas bien vite que tout a été prévu et que les parties les moins centrales n'ont rien à craindre de ce monopole meurtrier qui, dans notre corps social actuel, cause au Prolétaire tant d'angoisses et tant de tortures. Et la cause en est simple.

Dans nos sociétés inégalitaires, en effet, vers

le Gouvernement comme vers le cœur, se portent et se rassemblent toutes les richesses, c'est-à-dire tout le sang de l'état ; mais ce sang, reversé sans économie, regorge en certains vaisseaux, ne se porte qu'en très petite quantité dans d'autres, et laisse toujours les extrémités (le Prolétariat), dans une froide paralysie, sans force et sans vigueur. Dans l'organisme du corps humain tout est réglé pour le mieux, au contraire : entre tous les membres, la *solidarité*, la Fraternité la plus parfaite. Certes, si les Physiologistes de l'organisme social voulaient méditer avec quelque soin sur ce phénomène et tant d'autres de la même catégorie, ils comprendraient mieux la science politique, qu'ils ne font qu'obscurcir de leur savoir mal dirigé et de leur aveugle bonne foi. Alors ils établiraient, sans doute, en principe, que l'harmonieux accord du corps national dépend directement de cette distribution égale et commune du *travail* et de l'*aliment* parmi tous les membres, qui n'est autre chose que la jouissance du droit et l'accomplissement du devoir.

Tout ceci nous démontre d'une manière frappante l'importance (encore ignorée du plus grand nombre), de la Physiologie ou science de l'homme, et l'influence que peut avoir l'étude de cette science trop négligée, au grand contentement de la tyrannie, sur la constitution sociale des peuples de l'Avenir !

C'est conformément à ces principes que nous allons examiner cette question primordiale.

« *Quelle est la base des sociétés politiques ?* »

CHAPITRE VII.

De la Société.

Il faut considérer la vérité sous deux rapports : le rapport naturel et le rapport politique.

On a longtemps agité cette question :

« *L'homme est-il naturellement sociable ?* »

Ceux qui se prononcèrent pour l'affirmative basèrent ainsi leur opinion : « L'homme a de nombreux besoins ; il dépend de tous les objets qui l'environnent. Que d'obstacles ! que de périls sans cesse renaissants ! la nature semble les multiplier devant nous, comme pour nous avertir que l'état social est notre fin commune, le moyen de réaliser nos plus ardents désirs. L'homme isolé n'est pas un être complet, pour ainsi dire ; lorsqu'il cherche la compagnie de ses semblables, il ne fait qu'obéir à cette irrésistible voix de la nature qui lui crie sans cesse:

Malheur à l'homme seul! (*vœ soli!*) **Les** abeilles, dit Cicéron, ne se rassemblent point dans le dessein de faire du miel; mais portées par la nature à se rapprocher, elles forment leurs rayons : de même les hommes, unis plus encore que les abeilles par la nature, mettent *en commun* leurs actions et leurs pensées! Il n'est pas vrai que la société ne doive son existence qu'à l'impossibilité où nous aurions été sans le secours d'autrui de nous procurer le *nécessaire physique :* non, quand même tout ce qu'il a de besoins physiques lui serait fourni comme par la puissance magique d'une baguette divine, l'homme n'abandonnerait point les hommes pour se livrer au repos, à l'inertie et à la contemplation ; non, il fuirait la solitude, chercherait un compagnon de plaisirs et d'étude ; voudrait enseigner, apprendre : tant il est vrai que la vie sociale est préférable aux JOUISSANCES SOLITAIRES. »

Quelque péremptoires que durent paraître ces raisonnements, il s'éleva plus d'un doute: « Pourquoi, objecta-t-on, tant de luttes et de discordes? Pourquoi ces terribles révolutions et ces guerres impitoyables qui menacent de dévorer l'espèce entière? Pourquoi tant de crimes et de trahisons, jusque dans le temple des lois, jusque dans le sanctuaire du foyer domestique?

Non, non, l'homme n'est pas fait pour la société : ce n'est qu'au sein des forêts qu'il peut trouver la liberté et le bonheur ! »

Ceux qui parlèrent ainsi (Rousseau entre autres) méconnurent la nature humaine. Uniquement impressionnés des désordres qu'ils avaient sous les yeux, ils les crurent inhérents à l'état social, quand il eût été bien plus simple de les attribuer à la mauvaise organisation de leurs sociétés. Malgré les vices et les crimes de la politique, aujourd'hui, la cause de l'association est gagnée ; il est devenu un axiôme que la société naturelle est un *fait primitif et nécessaire*. Il ne s'agit donc plus que d'organiser l'ensemble des élémens sociaux qui sont en rapport avec l'homme, c'est-à-dire de FONDER sur les lois de la nature la *société politique*.

CHAPITRE VIII.

De la société politique. (1)

L'homme a soif de bonheur ! personne ne conteste cette vérité ; car ceux qui nient la félicité sur la terre la placent au ciel ! Quant à

---

(1) La société politique diffère de la société naturelle, en ce que la première implique l'idée d'une organisation et d'une direction.

nous, qui n'avons jamais eu aucune communication avec les puissances surnaturelles et sommes privés des lumières de la foi, nous ne pouvons élever si haut nos désirs : convaincus que la terre est notre unique patrie, notre *religion est toute terrestre*. Ainsi donc, en dépit des prêtres et des moralistes, le but *constant de tous nos efforts* sera de réaliser le bonheur en ce monde. Mais, dira-t-on, la terre n'est qu'un *gîte d'une nuit*, une vallée de larmes? Eh! qu'est-ce qui le prouve ? Cette terre si fleurie, si féconde, si magnifique, si susceptible d'être embellie par les arts, les sciences et l'industrie, pourquoi ne deviendrait-elle pas un séjour fortuné ? Tous les éléments du bonheur sont ici-bas à notre portée, en nous, hors de nous. Le sentiment de la vie, respirer un air pur, les beautés de la nature, l'amitié, l'amour, la considération, les charmes de la société, l'étude des arts et des sciences, ne remplissent-ils pas le cœur de sentiments enivrants?

Ceci posé, qu'est-ce que le bonheur?

L'homme, avons-nous vu, est doué de tous les organes nécessaires à sa conservation et à sa perfectibilité : le bonheur est donc le développement parfait et régulier de toutes nos facultés.

Notre organisation physique a des besoins irrésistibles; notre organisation intellectuelle et morale a d'autres appétits non moins impérieux, et dont la satisfaction nous est beaucoup plus agréable encore.

Vivre donc d'une manière conforme à notre complète organisation, ou *point de bonheur!*

Boire, Manger, Dormir, Engendrer, etc.: voilà les principaux besoins de l'ordre physique.

Sentir et Raisonner : voilà les premiers besoins de l'ordre intellectuel et moral.

« Trouver donc une situation qui puisse assurer à tous, et sans contrainte, la perpétuelle satisfaction des besoins du corps et des besoins de l'esprit : tel est le problème qui actuellement se présente à résoudre. »

Nous définissons la société une assurance mutuelle contre tous les *accidents*, contre toutes les *infériorités*. Il n'y a point de société où cette réciproque solidarité n'existe pas; où il y a des *riches* et des *pauvres*, des *valets* et des *maîtres*, des *nobles* et des *prolétaires*, des *grands* et des *petits*, des *exploiteurs* et des *exploités*; en un mot, où au sommet sont les favoris de la fortune, à la base les *déshérités* et les *parias!!!* je ne vois qu'une agglomération, qu'un ramas informe d'individualités exclusives, d'*égoïsmes* juxtà-posés ; qu'une arène monstrueuse et sanglante d'ennemis acharnés, prêts à chaque instant à se dévorer entre eux.

La *Révolution française*, en inscrivant sur sa bannière : *Liberté*, *Égalité*, *Fraternité*, *Unité*, a posé la formule de l'association ; mais arrêtée dans sa marche ascendante par la hache Thermidorienne et par celle de Vendôme, elle n'a pu réaliser ses promesses : elle n'a même accompli qu'en partie son œuvre de démolition.

Il s'agit donc aujourd'hui de nous bien pénétrer de l'esprit de la noble devise que nous ont léguée nos pères.

La Liberté n'est autre chose que le bonheur lui-même : c'est-à-dire le développement de notre être, la parfaite satisfaction de tous nos besoins. Elle ne peut avoir d'autres bornes que ces besoins eux-mêmes, elle est *illimitée* ou elle n'est pas. Nous prouverons que la chose est possible. Jusqu'à ce jour, on a nommé *Liberté* l'exercice de certains droits politiques et sociaux établis par la loi.

L'Égalité se définit ainsi : « Des moyens proportionnellement égaux donnés à chacun pour réaliser la liberté. »

La Fraternité est la résultante nécessaire de la *Liberté* et de l'*Égalité* ; c'est ce puissant levier qui doit remuer le monde, *cette force collective* qui a déjà opéré de si sublimes merveilles ; c'est, en un mot, la *solidaire union* de tous les besoins et de toutes les facultés humaines, l'*identification* de tous nos intérêts.

La Fraternité crie à chacun de nous :

Fais du bien pour en recevoir. Ne nuis pas pour que rien ne te nuise.

D'où résulte une triple unité :

« *Liberté* ou *Unité de but*, *Égalité* ou *Unité de moyens*, *Fraternité* ou *Unité d'action.* »

Le dernier terme du problème est donc celui-ci :

« Trouver une situation qui puisse réaliser cette triple et commune unité, c'est-à-dire, où les intérêts individuels ne puissent jamais être en antagonisme. »

La question ainsi posée, la conclusion se déduit d'elle-même : c'est l'ASSOCIATION COMMUNAUTAIRE.

Maintenant, il s'agirait de présenter un Plan organique de *Communauté*(1). Nous ne l'entre-

---

(1) Nous avions dessein d'esquisser ce plan, mais restreint par le cadre de notre brochure, que nous allons terminer par cette troisième livraison, nous avons cru devoir y renoncer, bien que notre travail soit achevé. Nous croyons d'ailleurs qu'il vaut mieux y ajouter quelques développements et en faire le sujet d'un petit volume.

prendrons pas pour le moment ; nous allons reprendre notre critique.

CHAPITRE IX.
Sociétés anciennes.

CHINE. — « La Chine s'organise, comme elle a continué de l'être de nos jours, sous l'influence d'une doctrine *purement morale* et l'influence d'un corps savant, où tous indistinctement peuvent être admis, où les grades s'obtiennent au concours, après des examens solennels. Or, la science ne fut pas plutôt séparée de tout dogme religieux, qu'elle s'arrêta, se *pétrifia,* ainsi que les procédés de l'industrie : elle ne fit pas depuis un seul pas. Et dès que la morale fut séparée du dogme, etc. » (Page 44.)

Ainsi, M. Lamennais attribue exclusivement l'ignorance et la corruption de la Chine à l'absence du dogme sacerdotal et à l'émancipation de la science. Jamais conclusion ne nous parut plus fausse ; jamais l'Histoire elle-même n'a été si cruellement altérée. Si *M. Lamennais* ne l'avait pas étudiée avec l'idée préconçue de l'appliquer à son *système théologique,* il aurait sans doute remarqué que c'est sous le règne d'un Philosophe anti-dogmatique (l'Empereur *Confucius*) que la Science, les Arts et l'Industrie firent le plus de progrès, et que si, depuis, la science et la morale se *pétrifièrent*, si la corruption coula à pleins bords, c'est à toute autre cause qu'il faut s'en prendre qu'à l'émancipation de la pensée et à l'influence des savants; car depuis un temps immémorial, il n'existe en Chine ni vrais savants ni liberté quelconque. On a chassé les Prêtres? A la bonne heure : mais qu'importe si la démocratie le fut aussi? Qu'importe que l'abrutissement et la superstition descendent du Trône ou de l'Autel; que le glaive de la tyrannie et le ciseau de la Censure soient aux mains d'un Pape ou d'un Empereur...? N'est-il pas étrange de voir un *publiciste radical* prendre dans toute occasion le parti de la Superstition et de l'esprit de Caste contre la *Science*, le libre examen et l'*Egalité*, en un mot, contre la DÉMOCRATIE ?

ÉGYPTE. — « L'Égypte fonda sur des castes son système social. La terre appartenait exclusivement au Roi ou à l'État, dont il était le chef, ainsi qu'elle appartient encore aujourd'hui au pacha. Le peuple la cultivait, et recevait dans les produits la part que l'*autorité publique* lui allouait. Le pouvoir dirigeait également l'industrie, chacun étant attaché par la loi à une profession ou à une fonction. Point de propriété ni de liberté personnelle ; c'est le premier exemple que présente l'histoire de l'application du système des socialistes modernes en ce qu'il a de fondamental. » (Page 47.)

Toutes ces citations fourmillent d'erreurs. Relever un à un tous ces écarts historiques serait un travail infini ; nous ne réfuterons que les principaux. Comment se fait-il que l'auteur du Livre du Peuple ait oublié qu'il n'y a point d'*autorité publique* sous le Despotisme ; qu'il n'y a que des maîtres et des esclaves. Qu'y a-t-il donc de commun entre les Rois et les Prêtres de l'Égypte, ligués ensemble pour abrutir, dépouiller et opprimer le peuple, (qu'à cet effet, ils divisèrent en *castes*) et les Communistes, par exemple, qui, loin de confisquer la Richesse publique, veulent que ce soit le peuple lui-même, le peuple tout entier, qui la concentre entre ses mains pour opérer également entre tous une juste et abondante diffusion de tous les produits sociaux.

MOSAISME.

« La société juive reposait sur l'*Egalité des biens*, mais cette égalité primitive, détruite par diverses causes, était périodiquement rétablie par le retour des biens aliénés aux premiers possesseurs, tous les 25 ans, dans l'année *jubilaire*. » (Page 54.)

Mais *M. Lamennais* ne trouve pas cette égalité assez large, car il reproche à Moïse de ne pas s'être élevé jusqu'à la *complète abolition de l'esclavage*, de s'être borné à l'Égalité de famille et à la fraternité charnelle. (Pages 53 et 55.) »

C'est très bien; mais cela est en même temps la condamnation de notre auteur, pour qui le suprême degré de l'Égalité est un *droit* chimérique *au travail*, et l'*Instruction*, par un TRAVAIL CONTINU, INCESSANT ! (Page 177.)

Que pouvait faire de plus la législation juive, si ce n'est de rapprocher les époques du *Jubilé*, ou plutôt d'établir cette *communauté* des *biens* et des *travaux* pour laquelle M. Lamennais ne trouve pas dans le langage d'assez foudroyants anathèmes ?

CHAPITRE X.

Société grecque.

ATHÈNES. — Là donc où la Démocratie prévalut, le peuple reçut du Trésor public une subvention qui lui permettait de vaquer aux affaires communes (page 63).

La Démocratie athénienne poussait la prévoyance plus loin : elle assurait au peuple le *travail* et le *nécessaire*. Cependant, combien de fois l'influence parricide de la *Propriété* ne rendit-elle pas *illusoire* l'**Egalité** politique ?

En 1793, le *Comité de salut public* sentit le besoin de décréter de pareilles mesures ; mais des palliatifs n'étaient point suffisants pour déjouer les complots et les calomnies du parti contre-révolutionnaire. Par suite d'infâmes manœuvres et de vaniteuses jalousies, il arriva donc qu'un jour le peuple DOUTA d'un Gouvernement qui n'avait pu encore lui *assurer son lendemain*, et le mettre en possession de sa *souveraineté*. De là, (tort grave) la déplorable neutralité qu'il garda au 9 *Thermidor*, et toutes les effroyables conséquences qu'entraîna la chute de Robespierre ; de là, la funèbre justification de ces mémorables paroles de *Saint-Just :* « Ceux qui ne font les révolutions qu'à demi, creusent eux-mêmes leur tombeau ! »

SPARTE. — « On fit un partage égal des Biens, et sans abolir la propriété individuelle, ni par conséquent l'héritage, on établit, en ce qui touche les repas, une *véritable Communauté*. Ce qu'il importe surtout de remarquer dans ces deux républiques (Athènes et Sparte), c'est que la constitution de la liberté n'y était que la constitution de la Propriété ; que celle-ci venant à manquer, l'autre s'évanouissait à l'instant ; que pour assurer la propriété ou la liberté du citoyen, on fut contraint de transformer en *chose* la partie la plus nombreuse de la population, et que là où on tendit, par le partage égal des biens et un commencement de Communauté à l'Egalité absolue des fortunes, outre qu'on échoua toujours, la population dévouée au travail eut à supporter le poids d'une servitude plus absolue aussi et d'une tyrannie plus atroce. Aucune oppression n'égala jamais, peut-être, l'oppression des ilotes (page 65). »

Jamais on ne fit de plus fausses appréciations historiques : 1° Loin de viser à constituer plus fortement la propriété, la Démocratie grecque, qui l'avait trouvée établie partout, tendit sans cesse, au contraire, à l'affaiblir et à l'annihiler ; 2° ce n'est point la ruine de la propriété qui pouvait entraîner la ruine de la liberté ; les historiens les plus respectables, s'accordent à attribuer à cet antagonisme profond dérivant de la *propriété individuelle*, à cette guerre incessante qui exista toujours entre les Riches et les Pauvres, presque toutes les convulsions intérieures qui amenèrent graduellement la perte de la République d'Athènes ; 3° ce n'est point *l'élément communautaire* qui riva, à Sparte, les fers **des** *ilotes* et perdit la République ; tout au contraire, il faut attribuer sa chute à ce que le législateur ne sut pas en tirer toutes les conséquences ; et encore parce que Lysandre introduisit un germe de corruption et de dissolution dans l'Etat, en créant un Trésor public, qui s'écoula bientôt dans les maisons des magistrats. Si Sparte fut entré dans la voie de la *Communauté intégrale* en abolissant ce qui restait encore du principe de propriété, et l'Ilotisme surtout, cette petite République eut affranchi le monde. En effet, si avec les principes de faiblesse qu'elle portait dans son sein, Sparte a fait de si grandes choses, quelles merveilles n'eut-elle pas opérées, si au lieu de se voir obligée d'employer une partie de ses guerriers pour contenir les *ilotes*, toute la République, au besoin, eut pu se lever en masse à la voix de ses magistrats.

5° Quant à cette inconcevable objurgation que les réformateurs grecs échouèrent toujours, nous n'avons qu'un mot à répondre à leurs détracteurs : qu'ils nous citent jusqu'à ce jour un seul peuple qui ait été aussi heureux que les *Spartiates,* une seule constitution qui ait duré sans altération et sans trouble plus de 500 ans.

CHAPITRE XI.

Société romaine.

« Le Plébéien n'avait point de nom, parce qu'il n'était point en réalité une personne, mais, comme l'esclave, un instrument de production, et, à la guerre, une machine de combat.... vivant d'une vie de travail, de souffrances et de misère avec sa *femelle* et ses *petits*.... Pour sortir de cet état, il réclama son admission dans la communauté religieuse, sa participation aux rites sacrés, l'*égalité devant Dieu*. La résistance des Patriciens fut vive et opiniâtre. Il leur fallut pourtant céder. Il trouva aux pieds des autels, dont jusqu'alors ses oppresseurs lui avaient interdit l'accès, le mariage, la paternité, la famille... L'institution du Tribunat leur fournit les moyens de vaincre. Peu à peu ils se firent admettre aux grades les plus élevés du commandement militaire, à toutes les magistratures, et finalement au Pontificat... Lorsque César institua l'empire, il fut l'instrument et le représentant de la dernière victoire populaire. Mais la liberté n'était plus possible pour personne, à cause de l'affaiblissement des croyances religieuses, etc. (page 67 et suivantes). »

Ce ne fut point aux pieds des Autels, mais

sur le **Mont-Sacré** et par l'**Insurrection**, que le Prolétariat romain conquit la liberté ; et si cette liberté fut si souvent illusoire, c'est qu'il laissa aux mains des Riches l'arme de la corruption, le *monopole* de la *propriété*. Les *Gracques* seuls osèrent en réclamer, au forum, l'égale répartition entre tous. « Les bêtes sauvages ont des tannières, s'écriaient-ils, et les citoyens romains, ces maîtres du monde, n'ont pas un *champ* pour leur subsistance, pas un *toit* pour reposer leur tête, pas un pouce de terre pour leur sépulture ! *Romains*, jusques à quand souffrirez-vous une aussi dégradante servitude ! »

Jamais l'amour de l'Égalité n'apparût plus ardent et plus majestueux que dans leurs foudroyantes harangues. Leur mâle éloquence allait droit au cœur, enlevait tous les suffrages et terrifiait les ennemis du peuple. Les Riches eurent recours à la calomnie : ils les firent accuser de *modérantisme* et d'aspirer à la tyrannie !

Le Sénat suscita contre eux le *traître Drusus*, avec ordre de renchérir et pousser à l'exagération sur toutes les *mesures égalitaires* que proposaient ces sages et vertueux tribuns, afin de les *dépopulariser*, et tout à la fois d'alarmer les gens timides. Les deux plus grands citoyens qu'ait produits l'ancienne Rome, *Caïus* et *Tiberius Gracchus*, furent, à plusieurs années de distance, massacrés par les jeunes Patriciens et les Sbires du Sénat, sous les yeux mêmes du peuple, qui n'opposa à leurs assassins qu'une faible résistance ; et la cause de l'Égalité fut perdue pour jamais à Rome. Quant à César, son ambition en put bien faire l'ennemi du Sénat, mais il ne fut jamais le *représentant* du peuple. Et s'il parut servir un instant la cause de la liberté, c'est qu'il avait besoin du courage du *Prolétariat* pour arriver au *Despotisme*.

CHAPITRE XII.
Société chrétienne.

« Le Christianisme réduisit le nombre des personnes divines à ce qui existe de nécessaire et d'essentiellement distinct dans l'unité du souverain être. » (page 77.)

M. de Lamennais croit donc encore au mystère de la Sainte-Trinité ?

« Mais négligeant la science du créé, la science de l'univers, et réagissant avec force contre le matérialisme et le sensualisme alors régnants, il se jeta dans un spiritualisme excessif, se posant, si l'on peut user de cette expression, hors de la Nature, en *antagonisme* avec elle, poussé encore à cela par l'idée d'un état primitif surnaturel, etc. (page 78.)

Ainsi, notre Auteur blâme le Christianisme de trop s'être préoccupé du spirituel. Nous le verrons bientôt, par une inconcevable contradiction, le blâmer également de s'attacher aux choses terrestres, et faire, pour ainsi dire, le procès à *Christ*, pour avoir osé conclure de l'*Égalité* à la *communauté temporelle*. (p. 80.)

« Tous les hommes furent égaux devant Dieu, frères, selon le sens le plus strict et le plus universel de ce mot, investis des mêmes droits, soumis aux mêmes devoirs. Égalité, Fraternité, Liberté, fut le sommaire de la doctrine évangélique; mais en aspirant à l'époque heureuse où les peuples ne formeraient plus qu'un seul troupeau, on n'appelait et l'on n'attendait qu'une unité *purement spirituelle*. » (page 79.)

Mais cela eût été de la démence : plus ils croyaient à un Paradis céleste, plus ils devaient se détacher des biens du monde et mettre en pratique la parole du maître; plus ils devaient imiter l'exemple du fils de l'homme, qui ne voulut jamais avoir en propre *de quoi reposer sa tête*, tant la *propriété* lui faisait horreur! Voyez avec quelle sévérité il traitait les Pharisiens et les Publicains, qu'il appelle enfants de *Satan*, *race de vipères*, etc.; avec quel courroux il chassait les marchands du temple, dont ils avaient fait, s'écriait-il, une *caverne de voleurs!* Ecoutez saint Paul, apostrophant, dans sa sainte et sublime indignation, les Sybarites fainéants de son siècle, les monopoleurs de la richesse publique :

« Tout riche est un fourbe ou l'héritier d'un fourbe. *Omnis dives, aut iniquus, aut iniqui hæres!* »

« Quiconque refuse de *partager* avec son frère est un voleur et un assassin. *Hic est latro et trucidator!* »

« Que celui qui refuse de travailler ne mange pas ! »

« Ils ont semé l'oppression; qu'ils récoltent la haine ! »

Ecoutez aussi saint Jacques, le frère du fils de *Marie :*

« Allez maintenant, riches, pleurez et poussez des hurlements à cause de vos misères, qui vont bientôt venir sur vous !

« Vos richesses tombent en putréfaction, et vos riches vêtements sont mangés par les vers.

« Votre or et votre argent sont dévorés de rouille, et cette rouille vous fait des taches accusatrices, et elles mangera vos chairs comme le feu.

« Vous vous êtes amassé des trésors de colère pour les jours qui vont bientôt venir.

« Voilà que le salaire des ouvriers qui ont moissonné vos campagnes, et que vous leur avez volé, crie vengeance, et ce cri est parvenu à l'oreille du Dieu des combats.

« Vous avez fait de la terre une mangeoire, et vous avez engraissé vos cœurs de délices pour le jour de la tuerie.

« Assez longtemps vous avez égorgé le juste, qui ne vous a pas résisté. »

(Epitres de saint Jacques, chap. V.)

Il y a donc tout lieu de croire que si les chrétiens primitifs *se soumirent* à la tyrannie des empereurs, ils n'abdiquèrent point la *temporalité* de leur doctrine ni ne poussèrent la résignation jusqu'à la *passivité* : il est avéré, au contraire, qu'ils ne cessèrent de protester par la parole, jusqu'à ce qu'ils pussent protester autrement. Ce ne fut que longtemps après la chute de l'empire romain, que trahis par leurs prêtres, devenus les courtisans des rois et des empereurs, ils sacrifièrent leur *morale* à de prétendus *mystères*. Et, c'est ici le lieu de le dire, c'est par son côté spirituel que périt le **christianisme.**

Si la *foi* n'eût abruti la *raison*, jamais des imposteurs n'eussent osé s'écrier : « Peuples soyez soumis à vos princes : ils sont l'*image* de la *Divinité !* Renoncez aux biens passagers de la terre ; n'usez que du peu qu'exigent les besoins naturels ; versez le reste dans le sein de Dieu (c'est-à-dire des prêtres) : sans la charité les portes du Paradis vous seront fermées pour jamais. »

N'est-il pas déplorable de voir M. Lamennais s'associer en quelque sorte à ces extorsions cléricales en s'écriant : « La patrie n'est point ici bas ; l'homme vainement l'y cherche ; ce qu'il prend pour elle n'est qu'un *gîte d'une nuit :* il s'en va errant sur la terre. Que Dieu guide, le *pauvre exilé* ! (Paroles d'un croyant, page 185.) »

Pourquoi s'efforcer d'inspirer au peuple ces idées d'*abnégation* et de *passivité* ? Comment concilier ces paroles avec cette sanglante satire qu'il fait quelques pages auparavant du Machiavélisme hypocrite des Rois et des Prêtres, qui ne rougissent pas de se couvrir du *manteau populaire* de Christ, qu'ils maudissent et foulent aux pieds :

« Les Rois hurleront sur leurs trônes ; en vain ils voudront retenir avec leurs deux mains leurs couronnes sur leurs têtes ; elles seront emportées par la tempête et ils seront balayés avec elles ! » Et plus loin : « Les Riches iront gisant sur les chemins.... et d'une voix suppliante, ils demanderont aux passants un morceau de pain, et je ne sais s'ils l'obtiendront ! *(Paroles d'un croyant.)*

Pourquoi encore enflammer les haines populaires en évoquant contre les oppresseurs le spectre fier et terrible de SPARTACUS ?

Pourquoi enfin se poser comme *chef* d'un parti politique, se mêler au milieu des tracas, des luttes et des tempêtes, pour conquérir un *gîte d'une nuit ?*

« L'Eglise convertit à la foi Chrétienne les peuples conquérants, mais elle ne put substituer à l'organisation du travail fondé sur l'esclavage une autre organisation. Ses tentatives en ce genre aboutirent constamment à la *Communauté*, au régime monastique, régime favorable à la production, etc. (page 88). »

Et l'organisation communautaire, ce régime favorable à la production, est pour *M. Lamennais* un néant, parce qu'à côté il voit de graves désordres ; *célibat, servitude, corruption*, etc. Mais, est-ce que ces abus sont essentiels au principe communautaire ? Est-ce qu'ils ne dérivaient pas uniquement de l'élément spirituel et dogmatique, de cet espèce de concordat qui s'était opéré sous Constantin entre l'autel et le trône, et qui restreignait chaque monastère aux mesquines proportions d'une communauté partielle, ne se reliant en rien au corps de l'Etat, et n'ayant de virtualité que *par la domination*.

Oui, tout le bien, tous les progrès qu'effectua le Christianisme, c'est à sa morale temporelle (la Communauté sociale) que nous les devons; tout le mal, tous les sanglants écarts qu'on lui reproche, c'est à son côté spirituel qu'il faut les imputer. D'ailleurs, combien d'obstacles entravaient alors l'application de l'idée chrétienne et qui disparaissent aujourd'hui devant le progrès de la science (les machines, la vapeur, les chemins de fer, etc.).

« Le Protestantisme dépassa toutes les bornes en ne donnant à chacun que sa raison pour règle du vrai. (Page 98).

La foi, selon M. Lamennais, est un bien meilleur juge; elle n'a jamais, sans doute, dégénéré en stupide superstition. Que dire de Philosophes qui se prétendent possesseurs exclusifs des vérités de l'avenir, et qui redoutent de soumettre leurs doctrines à l'éprouvette du raisonnement.

Nous ne sommes point les Panégyristes de

Luther et de Calvin, à qui nous reprochons d'avoir violé audacieusement, eux-mêmes, leur principe primordial (le libre examen); nous ne voulons pas contester non plus que le Calvinisme n'ait eu aussi ses abus; mais qu'importe s'ils devaient en extirper de mille fois plus grands? *La racine de la science est amère quelquefois, mais les fruits en sont doux.* Eh! qui pourrait se plaindre d'une légère souffrance, quand de cet souffrance doit naître un immense bonheur? Ce n'est pas à M. Lamennais que nous devrions être obligés de rappeler cette vérité, à lui qui l'a si souvent revêtue du coloris d'une suave éloquence. Mais notre auteur lui-même laisse bientôt faiblir ses affirmations; ne le voyons-nous pas avouer, en effet, a quelques lignes de là, que le *libre examen* a porté un coupmortel à la tyrannie, et que Luther fut le précurseur de la Révolution française.

Mais, voyez les étranges conséquences que notre auteur va tirer du principe que lui-même reconnaît être le principe de la science, du Progrès, de la révolution française!

« On cherche dans l'organisme les lois de l'intelligence; l'utile remplace le juste, et l'égoïsme le dévouement. Plus d'esprit de sacrifice; le devoir est désormais un mot vide de sens, la morale chancelle sur ses bases ruinées. » (Page 101.)

Mais quel crime y a-t-il donc à étudier les lois de son être, le principe de sa propre nature ? Eh ! qu'y a-t-il de commun entre la morale pratique et une foi aveugle ? Quoi de contraire, s'il vous plaît, entre le juste et l'utile ? Rien... que ce que nos institutions sociales (la propriété surtout) y ont mis. A quoi bon le dévouement et le sacrifice ? Ne suffit-il pas du concours, de l'émulation, du zèle, du courage, de l'Égalité et de la Fraternité ? Et tout cela n'est-il pas inhérent à la situation communautaire.

« Dans la *communauté*, la *morale* vient des choses et non des hommes : on ne trouve que dans le bonheur commun sa félicité individuelle. »

Et qui a prononcé ces paroles ? Est-ce un révolutionnaire, un brouillon, un malheureux exploité ? Non ! c'est *Hobbes*, un *grand philosophe*, un privilégié, un courtisan de la tyrannie ; et c'est l'irrésistible logique qui les lui a arrachées.

Non, notre morale, à nous, n'est point une divinité sauvage ; elle n'exige ni contrainte ni austérités, etc.; nous la définissons ainsi :
« *L'ensemble des moyens démontrés les plus*

propres à réaliser la Fraternité; la voie la plus sûre, la ligne la plus droite, pour conduire l'Humanité au bonheur ! »

En résumé, le livre de M. Lamennais n'est, comme nous l'avons déjà dit, qu'un dédale de contradictions. Sans criterium ni boussole, faute d'une solution lumineuse au problème qu'il cherche, l'auteur oscille sans cesse d'un pôle à l'autre de toutes les erreurs ; il change cent fois de langage, suivant le besoin du moment. Malgré le dessein préconçu d'accommoder les faits à ses idées, mille perplexités l'assiégent sans cesse; plein de feu et d'audace pour l'attaque, il perd tout son aplomb dès qu'il s'agit de conclure. Comme l'a dit judicieusement un de ses critiques (M. Proud'hon), il donne pâture à toutes les opinions; *Matérialisme, Déisme, Panthéisme :* il y a de tout dans ses livres. En politique, ses doctrines n'offrent pas plus de cohérence. Pour affirmer son principe du dogme religieux, là, il déprimera par de fausses conséquences la *personnalité* humaine (page 167), qu'il sanctifiera, ici, pour échafauder dessus son système de la *propriété individuelle* (page 171). Science, Nature, Raison; le Christianisme, le Papisme, le Protestantisme, sont tour à tour préconisés ou flétris ! etc., etc.

Prolétaires, hommes du peuple, sous quelque forme qu'ils se présentent, quelque langage qu'ils empruntent, gardez-vous des détracteurs du principe égalitaire et des apôtres du morcellement! Gardez-vous de ces prédicateurs du dogme révélé qui exigent une croyance aveugle! Tout en faisant la part de la bonne foi, rappelez-vous cette longue et insupportable tyrannie qui, pendant tant de siècles, a pesé sur nos pères, parce que, dans leur ignorance, ils *sacrifièrent à l'esprit de propriété*, sur la parole de quelques rusés frippons, qui, à force de leur exalter sans cesse les inénarrables délices d'un ciel chimérique, finirent par les dépouiller complètement ici-bas, et les livrèrent perpétuellement à toutes les horreurs de l'enfer!!!

TABLE DES MATIÈRES.

LETTRE A M. LAMENNAIS

Pages.

CHAPITRE Ier. — Observations préliminaires.   9

CHAPITRE II. — Du Fatalisme, du Droit et du Devoir, de l'Inégalité.   12

CHAPITRE III. — De la Liberté, de la Propriété, du Droit politique ou Suffrage.   19

CHAPITRE IV. — De la Communauté égalitaire.   29

CHAPITRE V. — De l'Éducation, de la Famille, des Sciences et des Arts, du Gouvernement.   45

CHAPITRE VI. — De l'Homme et de sa nature.   60

CHAPITRE VII. - De la Société.   66

CHAPITRE VIII. — De la Société Politique.

CHAPITRE IX. — Sociétés anciennes :
Chine, Egypte, Mosaïsme. 73

CHAPITRE X. — Société Grecque.

CHAPITRE XI. — Société Romaine.

CHAPITRE XII.—Société Chrétienne.

www.ingramcontent.com/pod-product-compliance
Lightning Source LLC
LaVergne TN
LVHW050638090426
835512LV00007B/913